대한민국 안보보고서

한반도 생존의 길

대 한 민 국 안 보 보 고 서

한반도
생존의 길

매일경제 · 세종연구소 국민보고대회팀 지음

매일경제신문사

누구도 넘볼 수 없는
인빈서블 코리아를 만들자

장대환 매경미디어그룹 회장

〈매일경제〉는 그동안 총 26차례 국민보고대회를 개최, 이를 통해 29개 보고서를 발표하며 국가 어젠다를 제시해왔다. 2017년 창립 51주년을 기념해 열린 제26차 국민보고대회의 주제는 '격동의 동북아, 한국 생존의 길'이다.

2017년은 그 어느 때보다 대한민국이 안보 위기 상태로 빠져들었다는 점에서 안보 문제의 중요성이 큰 해다. 한국의 안보 상황을 화학 용어에 비유하자면 플래시 포인트Flash Point라고 할 수 있다. 플래시 포인트는 아직 불이 붙지는 않았지만, 불꽃을 갖다 대면 폭발하는 온도를 가리킨다. 대한민국에 약간의 충격만 더 가해져도 위기가 폭발할 수 있는 일촉즉발의 위태로운 상태라는 의미다.

한국을 둘러싼 위협 중 가장 큰 것은 북한의 위협이다. 북한은 2017년 2월 고체연료를 사용한 탄도미사일을 발사하면서 위협의 강도를 높였다. 또 북한이 김정남을 살해하면서 신경성 독가스, VX를 사용한 것을 두고 전 세계가 경악을 금치 못했다. 핵탄두는 물론이고, VX가 탄도미사일에 실리는 것은 상상하기조차 싫을 정도의 심각한 위협이다.

또 한반도 주변에는 전 세계의 첨단무기가 집결하고 있다. 미국과 중국은 남중국해에서 대립을 지속하면서 군사적 위기감을 고조시키고 있다. 군비 경쟁에 뛰어든 일본 역시 국방 예산을 큰 폭으로 올리면서 첨단무기 도입에 열을 올리고 있다. 한국이 뜻하지 않게 군사적 갈등에 휘말릴 가능성도 배제할 수 없다.

이 가운데 주변 강대국들은 한국을 거치지 않고 한반도와 관련해 논의하는 조짐을 보이고 있다. 2017년 2월 있었던 미·일 정상회담에서 미·일 정상은 분명히 한반도와 관련한 대화를 나눴을 것이다. 미국과 중국도 대화의 채널을 계속해서 열어놓고 있고 러시아와 일본도 그동안의 갈등 구도에서 벗어나 협력을 논의하고 있다. 하지만 우리는 어떤 대화가 오갔는지 알지 못하는 것이 현실이다. 이른바 '코리아 패싱Korea Passing'이다.

우리를 둘러싼 상황은 엄중하지만 우리는 대응을 제대로 못 하고 있다. 국론은 극단적인 분열을 경험했고, 국가 리더십 부재도 뼈아팠다.

당연히 국민들의 불안감은 커지고 있다. 국민들이 이처럼 불안감에 빠진 것은 안보의 밸런스가 무너졌기 때문이다. 우리의 안보 전략을 '옵티멈 밸런스Optimum Balance', 즉 최적 균형을 목표로 처음부터 다시 수립해야 한다.

안보 분야에서 우리가 처한 현실은 냉엄하다. 안보 측면에서는 북한 핵·미사일, 코리아 패싱, 국론 분열처럼 우리 안보를 위협하는 3대 허들을 극복해야 한다.

이에 〈매일경제〉는 세종연구소와 함께 안보 위기의 파고를 넘어 누구도 넘볼 수 없는 나라, 무적의 '인빈서블 코리아Invincible Korea'를 만들기 위한 해법을 모색하는 안보보고서를 발표했다. 이 보고서를 찾는 요청이 많아 책으로 발간하게 됐다. 이번 책자가 우리가 처한 현실을 극복하는 데 도움이 되기를 바란다.

외교안보·군사 역량을
강력하고 새롭게 건설하자

진창수 세종연구소 소장

　세종연구소는 외교안보·통일 분야 연구 활동을 통해 국가의 발전과 안전에 기여하는 것을 목적으로 설립된 국내 유일의 공익 민간 싱크탱크로 대한민국 국가 전략의 대계를 세우기 위해 지속적인 노력을 기울여왔다. 이와 같은 노력의 연장선에서 세종연구소가 〈매일경제〉와 손잡고 국가 안보를 주제로 한 제26차 국민보고대회의 기획과 준비를 함께하게 된 것을 매우 뜻깊게 생각한다.

　'격동의 동북아, 한국 생존의 길'이라는 2017년 국민보고대회 주제가 함축적으로 적시하고 있는 것처럼 최근 한국의 대내외적 안보 환경은 그 어느 때보다 불확실성이 높고 또 그만큼 우리가 느끼는 위기감이 고조되고 있다. 무엇보다 북한의 위협이 점점 더 크게 다가오고 있다. 근래 핵·미사일 능력 고도화에 열을 올리는 북한을 보면 협상에 의한 평화적 북한 비핵화 노력과 함께 최악의 상황에도 철저히 대비할 필요성이 있다. 최근 화학무기에 의한 김정남 살해 사건에서 새삼 재확인할 수 있었던 것처럼 잔혹한 북한 정권의 손에 들린 대량파괴무기가 언제 어떻게 우리에게 끔찍한 결과를 초래할지 모르는 상황이기에 더욱 그렇다.

주변국 전략 구도 역시 매우 엄중한 국면에 진입하고 있다. 미·중·일·러 주변 4강의 갈등과 경쟁의 양상이 두드러지고 있고, 이에 따라 정치·외교적 마찰을 넘어 군사적 긴장의 수위도 크게 높아지고 있다. 한반도는 지정학적으로 이들의 이해관계가 정확히 교차하는 지점에 위치해 있기 때문에 어떠한 역내 분쟁이나 충돌이 생길 경우 우리가 직접적인 피해자로 전락하는 상황을 피하기 어렵다.

그렇다면 이러한 현실 속에서 과연 한국의 외교안보 태세는 어떤 상태인지 되돌아보지 않을 수 없다. 불행히도 우리의 대응 준비는 매우 부족하고 미흡하다는 의견이 지배적이다. 더구나 리더십 부재 속 국론 분열이라는 작금의 국내 정치 실상은 국민들의 안보 불안감을 오히려 부채질하고 있다.

이러한 국내외 소용돌이 상황에서 세종연구소는 〈매일경제〉와 함께 제26차 국민보고대회를 통해 한국의 대내외적 외교안보 환경을 정밀하게 진단하고 당면 위협과 도전을 헤쳐갈 수 있는 최적의 전략과 정책 방향을 제시하고자 했다. 한국의 외교안보 정책이 바람직한 방향으로 나아가도록 하기 위해 세종연구소는 첫째, 정책이 정권을 넘어서 일관성을 유지하는 것에 방점을 두었다. 각 정부는 기존 정부의 입장을 부정하기보다는 이전 정부의 공과를 염두에 두면서 한국 대외 정책의 일관성을 해치지 않아야 한다. 이것이 국제사회로부터 신뢰를 받는 지름길이기 때문이다. 둘째, 좌우의 이념적 이데올로기에서 탈피하고자 노력하였다. 정파의 이익이 아니라 국가 이익의 관점에서 정책 방향을 제시하고자 하였다. 셋째, 너무 이상에 치우친 나머지 용두사미와 같은 정책을 내세우기보다는 현실에 적용할 수 있는 정책을 마련하고자 하였다.

세종연구소의 핵심 연구진뿐만 아니라 학계 주요 전문가들도 참여한 가운데 깊은 고민과 열띤 토론을 거친 '집단 지성'의 산물인 이 책의 핵심 주장은 사실 매우 간단하다. 어느 나라도 쉽게 넘볼 수 없는 강력한 외교안보·군사 역량을 새롭게 건설해야 한다는 것이다.

그러나 주지하다시피 그 과정은 결코 간단하지도 쉽지도 않을 것이다. 그러므로 대한민국에 다가오는 위기를 걱정하는 모든 이들에게 뜨거운 가슴보다는 차가운 머리로 이 책을 읽고서 앞으로 보다 구체적이고 현실적인 정책적 과제를 만들고 수행해나가는 데 힘을 보태주기를 부탁드린다.

2017년, 한국 국민들은 불안하다. 아침에 일어나 신문과 방송을 통해 뉴스를 접해보면 안전을 위협하는 충격적인 뉴스들이 쏟아진다. 백주에 국제공항에서 북한의 유력 인사가 한 번도 들어보지 못한 화학물질에 의해 피살당했다. 이는 북한이라는 국가가 주도한 테러라는 점이 드러나면서 많은 사람들이 입을 다물지 못할 정도로 충격에 빠졌다. 북한의 핵실험 관련 소식도 심심찮게 들려온다. 핵은 인류가 만든 무기 중 가장 많은 사람을 가장 짧은 시간에 몰살시킬 수 있는 무서운 무기다. 2차 대전 후 일본 히로시마와 나가사키에 떨어졌던 원자폭탄의 위력은 세계인들을 경악시켰다. 우리와 가장 가까운 나라가 핵실험에 몰두하고 그 실험이 우리나라, 대한민국을 겨냥한 것이라는 사실이 많은 사람들을 공포로 몰아넣고 있다.

한국을 둘러싼 주변 환경도 우리를 불안하게 하고 있다. 도널드 트럼프가 미국 대통령에 당선되면서 세계 각국이 그의 눈치를 보고 있다. 그의 취임 일성이 '미국 최우선주의America First'라는 점도 걱정스럽다. 한국의 희생을 담보로 미국의 이익을 추구할지도 모른다. 경제를 무기로 한국을 위협하고 있는 중국도 우리를 불안하게 만들기는 마찬가지다. 사드THAAD, 고고도 미사일 방어 체계 배치를 놓고 한국을 윽박지르는 중국의 모습은 또 다른 '중국 우선주의'를 연상시킨다. 틈만 나면 군비를 늘리려는 아베 신조 정부의 일본을 보면서 우리나라 국민들은 군국주의로 무장해 한국을 침략했던 일본의 과거를 떠올린다. 겉으론 평화를 내세우면서도 아직도 독도와 위안부 문제로 사사건건 마찰을 일으키는 그들이기에 겉모습을 그대로 믿을 수 없다. 동해로 진출하려는 야심을 갖고 있는 러시아 역시 우리를 안심시키기보다는 불안을 키우는 국가다.

국내로 눈을 돌리면 우리를 불안게 하는 상황은 더욱 많다. 촛불집회와 태극기 집회로 갈린 두 세력의 갈등과 분열이 우리를 불안하게 만든다. 인류의 역사상 둘로 갈라져 번영한 국가는 없었다. 반면 외환外患보다 내우內憂로 망한 국가는 숱하게 많았다. 남북으로 갈린 것도 모자라 동서로 좌우로 갈리는 한국의 모습을 보면서 절망감에 휩싸이는 사람들이 늘어나고 있다.

〈매일경제〉는 한국을 둘러싸고 주변에서 벌어지는 상황을 '국가 안보의 위기 상황'으로 진단했다. '가브리엘의 호른'이라는 수학 용어가 있다. 처음에는 큰 원으로 시작하지만 이 호른은 갈수록 좁아져 나중에는 한 점으로 수렴한다. 한국의 외교, 국방 역량이 호른처럼 계속 쪼그라들고 있다는 위기감이 커지고 있다.

언론은 사실을 보도하는 것이 주된 업무이지만 때로는 국민들에게 어젠다를 제시해야 할 책무도 있다. 〈매일경제〉는 먼저 국민들이 느끼는 불안감의 정도와 실체를 파악해봤다. 〈매일경제〉와 여론 조사 기관인 리얼미터가 2017년 2월 일반인들을 대상으로 설문을 실시한 결과 응답자의 88.2%가 '한국의 안보가 심각하게 위협받고 있는 상황'이라고 답했다. 국민의 90%가 불안을 느끼는 국가는 어떻게 보더라도 정상이 아니다. 안전을 위협받는 국민들이 경제활동을 제대로 할 리 없다.

우리나라는 세계 11위의 경제대국이지만 안보가 확고하게 보장되지 않는다면 경제성장은 사상누각에 불과하다. 특히 우리나라처럼 대외 개방도가 높고 무역과 외국인 투자 비중이 큰 나라에서 안보 불안은 치명적이다. 외국인들이 안전을 위협받는 나라와 거래할 리 없고 이런 나라에 투자할 리 없다. 우리나라에서 점점 커지고 있는 안보 불안감을 차단하지 않는다면 경제 발전도 기대하기 어렵다.

안보 불안의 가장 큰 원인은 북한의 핵 위협 증가(90.8%)였다. 설문조사 결과 일반인의 85.2%가 '북한의 도발 가능성이 높다'고 응답했다. 북한의 도발은 남북한은 물론 미·중·일·러 간의 전쟁과 갈등으로 비화할 가능성이 큰 상황이다. 한편 응답자의 79.7%가 '북한의 군사적 위협에 대한 우리나라의 대처 능력이 부족하다'고 응답했다.

북한의 도발 가능성은 큰 반면 대처 능력은 취약하니 안보 불안감이 커지는 것은 어쩌면 당연하다.

〈매일경제〉는 국내를 대표하는 외교안보 분야 싱크탱크인 세종연구소와 손을 잡고 현재의 안보 불안감을 타개하는 방안을 마련했다. 2016년 12월 〈매일경제〉 전문 기자들과 세종연구소의 베테랑급 연구원들로 구성된 프로젝트 팀이 본격 발족했다. 이 팀은 총 4개월간의 연구와 취재 과정을 거쳐 한국 사회의 안보 불안감의 원인을 진단하고 대책을 제시한 책 《한반도 생존의 길-대한민국 안보보고서》를 내놨다. 이 책을 만들기 위해 미국의 국가 안보 싱크탱크인 헤리티지재단, 일본의 싱크탱크인 일본국제문제연구소JIIA, 중국의 현대국제관계연구원CICIR 등에 소속된 전문가들로부터 자문을 받았다. 이 밖에 전직 국방·외교 장관급 인사를 비롯해 이 분야의 많은 전문가들이 자문위원으로 참여했다. 이들은 우리나라의 안보 불안감을 해소하는 것이 가장 급선무라는 인식을 공감하고 적극적으로 문제를 진단하고 대안을 내놨다. 해외 안보강국 사례 등 〈매일경제〉 기자들의 취재 내용도 추가해 풍성함을 더했다.

책은 총 6장으로 구성됐다. 1장에서는 한국을 둘러싼 글로벌 정세와 아시아 지정학의 변화에 대한 진단을 담았다. 미국·중국·일본·러시아 등 4대 강국의 움직임과 이것이 한국에 미치는 영향이 주된 분석 대상이다. 2장은 한국 안보의 민낯을 들여다봤다. 한국 군사력의 현주소와 북한 핵 위험에 대한 구체적인 대응 능력 등이 각종 지표와 함께 제시된다. 3장은 안보 시스템과 국론 분열 양상 등 안보를 둘러싼 소프트웨어에 대한 진단을 서술했다. 외교 역량은 물론 우리나라 국론 분열을 조장하는 각종 정책 및 정치권과 관료들의 행태를 지적했다.

4장은 미래에 대한 비전과 전략이 부재한 대북·통일 정책의 문제점을 지적했다. 5장은 이스라엘, 일본, 키프로스 등의 사례를 통해 우리나라 안보 상황을 돌아보고 시사점을 찾았다. 6장은 우리나라 안보 문제를 해결하기 위한 전략과 구체적인 액션 어젠다를 제시했다. 대안을 제시하는 과정에서는 파격적인 아이디어와 현실적인 실현 가능성을 동시에 추구했다. 현실적으로 한국이 처한 상황에서 실현 가능성이 약한 정책이나 대안은 아무리 아이디어가 참신하다고 해도 싣지 않았다. 여론을 주도하는 기자와 한 분야를 수십 년간 연구한 전문가들이 안보 문제 해결에 적합하다고 합의한 내용만을 대안으로 담았다.

이 책이 국민들이 느끼는 안보 불안감을 조금이라도 해소하고 안보와 관련된 오피니언 리더들에게 영감을 불어넣기를 기대해본다.

목차

한반도 생존의 길

글로벌 정세와
아시아 지정학의 변화

01

불확실성 증폭시키는 트럼프 시대

    도널드 트럼프 미국 대통령은 취임식 연설에서 "미국을 다시 위대하게 만들겠다"고 부르짖었다. 트럼프가 취임사에서 강조한 것은 두 가지였다. 미국 우선주의와 포퓰리즘이다.

    미국 우선주의란 미국의 이익을 최우선으로 하겠다는 주장으로, 쉽게 말해 미국 물건을 사고 미국인을 고용하게 만들겠다는 것이다. 트럼프가 대통령 선거 기간에 "중국을 환율 조작국으로 지정하고 중국산 제품에 45%의 높은 관세를 부과하겠다"며 대놓고 중국을 자극하고, 멕시코로 공장 이전을 추진 중인 미국 자동차 제조업체들에 "멕시코 공장에서 만든 제품을 미국 시장에 수출하면 35%의 국경세를 물리겠다"며 미국을 떠나지 말 것을 종용한 것은 이 같은 자국 우선주의를 잘 보여준다.

    대통령에 당선된 뒤 가진 앙겔라 메르켈 독일 총리와의 정상회담에서 "NATO북대서양조약기구는 미국에 안보를 의존하면서도 방위비 부담에는 인색했다"며 안보 무임승차론을 제기하는 등 트럼프는 미국 우선주의를 무역을 넘어 군사, 외교에까지 적용하고 있다.

트럼프는 '워싱턴 아웃사이더'답게 기성 정치권에 강한 불신을 드러내면서 트위터를 통해 국민과 직접 소통하는 포퓰리즘 정치를 표방하고 있다. 공직 경력이 전무한 아웃사이더 대통령으로서 워싱턴 중심의 정치 관행에서 벗어나 국민과 직접 호흡하겠다는 트럼프표 포퓰리즘을 선언한 것이다. 이런 트럼프의 모습은 우리가 익히 알던 미국 대통령의 모습이 아니다. 세계는 지금까지 알지 못했던 낯선 미국의 모습과 대면하고 있다.

트럼프 시대가 개막하면서 미국의 대외 전략은 오바마 시대와 많이 달라졌다. 고립주의를 내세우면서도 미국의 이익을 위해서는 분쟁지역에 적극적으로 개입하고 있다. 북핵 문제에 대해서도 모든 옵션을 검토하겠다고 밝혔다. 트럼프 행정부가 내세우고 있는 대외 전략의 핵심은 '힘에 의한 평화'다. 말은 그럴싸하지만 실제 내용을 들여다보면 미국만 안전하게 잘 먹고 잘 살겠다는 것이다.

갈수록 위험해질 세계에서 미국의 안전을 지키는 방법은 미국 내부의 경제 부흥을 통한 위대한 미국의 재건이며, 이를 위해 해외 군사 개입을 축소하고 동맹 및 우방 국가들에 방위비 분담 확대를 요구하며 세계 경찰 역할 대신 미국 국익에 집중하는 신고립주의 노선을 걷겠다는 것이다. 보호무역주의를 주장하는 것도 같은 맥락이다.

트럼프는 오랜 기간 전 세계를 상대로 기업 활동을 하면서 미국이 쓸모없고 소모적인 전쟁의 수렁으로 끌려가고 있다는 반감을 갖게 됐다는 것이 전문가들의 분석이다.

이 같은 '낯선 미국'의 등장은 국제질서와 관련해 적지 않은 우려를 낳고 있다. 첫째는 앞서 언급했던 신고립주의에 대한 우려다. 미국이 국제사회에서 발을 빼기 시작한다면, 2차 세계대전 이후 70년간 미국이 건설해온 자유주의 국제질서는 심각하게 훼손될 수밖에 없다. 2차 세계대전 이후 미국은 각종 국제 규범과 제도를 통해 무역과 외교를 수행해왔고, 그런 의미에서 미국은 진정한 체제 설계자이자 이익 향유자였다. 신고립주의로의 후퇴는 미국이 그동안 애써 일군 국제질서를 스스로 허무는 것이다.

둘째는 중국의 급부상으로 아시아 국가들의 안보에 심각한 위협이 있을 수 있다는 점이다. 아시아에서 미국의 후퇴는 아시아 전체를 중국의 영향권에 내주는 것과 다를 바 없다. 장기적으로 보면 중국의 부상과 미국의 상대적 쇠퇴가 국제질서의 추세인데, 미국이 지금 아시아에서 발을 빼면 그 빈틈을 중국이 재빠르게 메울 것이고 나중에 미국이 이를 바로잡으려면 지금보다 훨씬 더 어려운 상황에 직면하게 될 것이다.

만일 미국이 오바마 행정부가 추진했던 아시아 재균형 정책을 약화시킨다면 미국의 방위 공약에 대한 아시아 국가들의 신뢰에 심각한 손상이 불가피하며, 아시아 각국은 자국의 안보를 위해 군비 지출을 늘릴 수밖에 없다. 이는 다시 아시아 지역에서의 군비 경쟁과 이로 인한 긴장 고조로 이어질 것이다. 특히 동·남중국해 문제를 둘러싼 갈등과 긴장 악화도 예상된다. 미국의 동맹인 한국과 일본은 중국의 부상으로 인한 안보 위협이 특히 클 것이다.

셋째는 세계화의 퇴조와 보호무역주의의 득세에 대한 우려다. 세계화는 순작용만큼 부작용도 만만치 않지만, 대체로 긍정적인 평가를 받고 있다. 하지만 트럼프 행정부는 이미 TPP환태평양경제동반자협정를 폐기했고, NAFTA북미자유무역협정 재협상을 추진하고 있다. 한미 FTA자유무역협정 역시 재협상 대상에서 예외가 아니다. 이러한 정책은 보호무역주의 시대로의 퇴조 및 세계화의 후퇴를 의미하며, 무역전쟁 시대의 도래를 예고하고 있다. 한국처럼 수출이 경제를 지탱하는 국가는 보호무역주의 창궐로 인해 세계 무역이 위축될 경우 적지 않은 타격이 불가피하다.

한미 FTA는 지금까지 한국 경제에 상당한 도움을 줘왔다. 한국의 대미 수출은 매년 증가세다. 2010년 전체 수출에서 10.7%였던 대미 수출 비중은 2016년 13.3%까지 증가했다. 같은 기간 미국 수입시장에서 한국의 점유율은 2.55%에서 3.2%까지 상승했다. 트럼프 행정부기 상계관세, 보복관세 등 무역구제 수단으로 압력을 높이면 우리의 대미 수출은 주저앉을 수밖에 없다. 수출 손실이 큰 산업은 자동차, 기계, 정보통신기술ICT, 석유화학, 철강, 가전, 섬유 등으로 우리의 주력 종목이다. 미국과 중국이 무역전쟁을 벌이는 것도 한국에는 대형 악재다. 미국이 중국에 고율의 관세를 부과해 중국의 대미 수출이 급감할 경우, 중국에 소재와 부품 등 중간재를 수출하는 한국 기업들이 직격탄을 맞을 수밖에 없다.

이 외에도 트럼프 시대는 여러 가지 글로벌 이슈에서의 퇴조를 불러올 가능성이 크다. 대표적인 예가 친환경적 에너지 정책의 후퇴다. 트럼프 대통령은 청정 에너지원의 진흥을 통해 성장과 고용을 견인하고, 온실가스 감축 정책으로 기후 변화에 적극적으로 대응했던 오바마 행정부와는 정반대의 길로 가겠다고 공언했고 실제로 정반대의 길로 가고 있다. 태양광 등 신재생에너지 확대에는 반대하는 반면 석탄 개발 및 사용 확대, 국내 석유 탐사와 시추에는 강력한 지지를 보내고 있다. 이러한 에너지 정책 기조는 2016년 11월 발효된 파리기후변화협약에도 심각한 타격을 줄 전망이다. 트럼프는 파리협정도 미국 제조업을 약화시키려는 속임수라며 미국 이익 최우선 원칙에 위배되기 때문에 이를 취소하겠다고 공언한 바 있다.

트럼프 행정부의 면면은 역대 정부와는 상당히 다르다. 트럼프의 초대 내각은 트럼프 자신이 워싱턴 아웃사이더이듯 대체로 '튀는 배경'을 가진, 소위 '워싱턴 스탠더드'와는 거리가 있는 인사들이 많다. '웜프스WOMPS', 즉 백인White, 고령 남성Old Man, 민간인 출신 Private Sector 위주라는 표현이 말해주듯이 미국 안팎에서는 우려를 자아내는 인사가 많다는 평가를 받고 있다. 군 장성 출신의 중용, 안보 진용과 국내 정책 주요 포스트에 강경파 전면 배치, 초갑부를 뜻

하는 '가질리어네어Gazillionaires' 각료라는 특징도 과거와는 다른 점
이다.

  트럼프 정부 출범 25일 만에 백악관 국가안보보좌관 자리에서 물
러난 마이클 플린은 전 국방정보국 국장이며 보수·강경파에 속한
다. 그의 후임인 허버트 맥매스터도 육군 중장이다. 해병대 4성 장
군 출신의 국방장관 제임스 매티스와 남부군사령관 출신인 존 켈리
국토안보장관 역시 보수·강경파로 분류된다. 렉스 틸러슨 국무장관
은 엑손모빌 CEO 출신으로 공직 경험이 전무하다. 외교안보 이슈
에서는 매티스나 맥매스터의 강경 노선을 따라갈 우려가 크며 대표
적인 친러 성향 인물로 분류된다. 백악관 수석전략가 겸 선임고문인
스티븐 배넌은 대안 우파의 사령관으로 '극우 선동가'라는 평가를 받
는 인물이다. 제프 세션스 법무장관, 마이크 폼페오 미 중앙정보국
CIA 국장도 강경 우파에 속한다.

  신설된 백악관 국가무역위원회NTC 위원장 피터 나바로 어바인
캘리포니아주립대 교수는 대중 강경파로, 미·중 간 무역전쟁을 진
두지휘할 인물로 꼽힌다. 스티븐 므누신 재무장관과 윌버 로스 상무
장관은 둘 다 공직 경험이 없는 금융계 출신이다.

  트럼프 행정부를 이끌 인물들은 몇 가지 부류로 구분할 수 있다.
첫째 그룹은 미국 우선주의자들이다. 트럼프 자신을 포함해 국무장
관 렉스 틸러슨 등이 대표적이다. 이들은 매사를 '미국의 국익'이라
는 렌즈를 통해서만 바라보는 사람들이다. 둘째는 '종교 전사'들로

서, 이들은 군 경험과 강력한 반이슬람 성향을 바탕으로 테러와의 강력한 전쟁을 주장하는 사람들이다. 셋째 그룹은 공화당 전통주의자들로서 외교안보 분야에서 공화당의 전통적 가치를 준수하려는 관료 및 전문가 그룹이다. 문제는 이들이 서로 불신하며 상호 견제하는 관계라는 사실이다.

전반적으로 트럼프 행정부 초기의 국제안보 기조는 9·11 시대와 유사해질 전망이다. 외교안보 주요 직책에 내정된 인사들의 성향이 대부분 강경하기 때문이다. 9·11 이후에 그랬듯이 백악관이 이슬람 테러와의 전면전에 다시 나서게 된다면 여타 지역들과 안보 이슈들에 대한 미국의 관심은 상대적으로 낮아질 수밖에 없고, 이는 러시아와 중국의 영향력을 키워줄 가능성이 크다. 또한 대테러 전쟁 집착은 이란과의 대결 위험을 높이고 미국의 동맹국들은 물론 미국 국내의 시민적 자유에도 좋은 징조는 아니다.

트럼프 행정부의 아이러니는 그가 선택한 내각 장관들 상당수가 대선에서 그를 지지한 대중들이 비판해온 부유한 특권층이거나 월스트리트 혹은 대기업 경영자 출신이라는 점이다. 또한 배경과 성향이 다른 다양한 인물들이 행정부에 참여하는 만큼 행정부 내에서 있을지도 모를 권력 투쟁을 트럼프가 어떻게 봉합할지도 귀추가 주목된다. 과거 정부에서 보이던 언론과의 허니문 기간은 트럼프 정부들어 완전히 사라지고 트럼프 대통령이 연일 언론과의 전쟁에 앞장서는 것도 트럼프 행정부 앞날이 험난할 것을 예고하고 있다.

02
중국 부상으로 재편되는
동북아 질서

21세기 가장 주목할 현상 중 하나는 중국의 급부상이다. 중국은 이미 2010년 GDP국내총생산 기준으로 세계 2위 경제대국이 되었고, 2013년에는 미국을 앞질러 세계 최대 무역 교역국의 반열에 들어섰다. 이 과정에서 중국은 한국, 미국, 일본, 러시아, 북한 등 아시아태평양 국가들의 최대 교역 대상국으로 부상하면서 새로운 질서를 만들어가고 있다.

시진핑 지도부는 지난 30년간 개혁·개방의 수혜를 입고 중국의 급격한 부상을 목도한 세대로서 '중화민족의 위대한 부흥'을 캐치프레이즈로 내걸고 부국강병에 매진하고 있다. 기존 발전도상국 시절의 전략인 도광양회韜光養晦, 빛을 감추고 은밀하게 힘을 기른다에서 탈피해 보다 적극적이고 주도적인 대국 외교 전략인 주동작위主動作爲, 반드시 해야 할 일은 주도적으로 한다를 적극 구사하기 시작한 것이다.

특히 최근 들어 중국은 강대국으로서의 지위를 구축한다는 대전략 아래 '신형대국관계', '신안보관', '일대일로' 등을 제시하면서 새로운 역내 질서 창출을 적극 도모하고 있다. 시진핑 지도부는 경제력, 군사력 신장에 기반을 둔 자신감을 강하게 드러내 보이면서 신형대국관계라는 새로운 패러다임으로 역내 질서를 재편하고자 하는 야심을 숨기지 않고 있다.

2013년 10월 미·중 전략경제대화 기조연설에서 시진핑 중국 국가주석은 신형대국관계를 일곱 번이나 거론했다. 현재 중국이 주장하는 새로운 미·중 관계는 도전국과 기존 패권 국가 간의 세력전이 Power Transition 과정에서 필연적으로 대립과 충돌이 발생했던 과거 사례와 달리, 미·중 양국이 직접 선택한 방식을 상호 존중하면서 상대에게 자신의 방식과 의지를 강요하지 않고 협력 공간을 모색해간다면 충분히 조화와 협력 관계를 유지·발전시켜 나갈 수 있다는 것이다.

후진타오 시기 중국이 주로 발전도상국이라는 정체성에 기초해 모든 대외 정책의 초점을 안정과 현상 유지에 맞추었다면 시진핑 시기 들어서는 새로운 역내 질서 창출을 도모하기 시작했다. 중국이 강대국이라는 인식을 바탕으로 보다 적극적으로 자신의 핵심 이익 영역을 지켜내고 경제력에 합당한 군사력, 국제 정치적 영향력, 대내외적인 위상을 지켜내려는 노력을 강화하고 있다. 대내적으로는 '중국의 꿈中國夢' 비전을 제시하면서 국민 통합을 이뤄내고, 대외적으로는 신형대국관계와 핵심 이익을 강조하면서 새로운 대외 전략을 모색하기 시작했다.

중국은 미국에 대해 주동적으로 신형대국관계 구축을 주장하고 있으며 일대일로를 통해 유라시아 경제권 통합을 주도하고 있다. 이를 통해 향후 중국은 미국이 만들어놓은 기존 게임 규정의 수용자가 아니라 새로운 게임 규칙을 함께 만들고자 하는 제정자Rule Setter가 되려고 노력할 것이다. 결국 중국의 기존 게임 규칙 변화 모색은 미국이 만들어놓은 역내 질서와 규칙에 순응할 가능성이 점차 낮아질 수 있음을 의미한다.

최근 중국의 급격한 부상은 군사력 분야에서 보다 뚜렷하게 나타나고 있다. 2000년 이후 중국의 국방비 증가율은 GDP 증가율의 2배 이상이다. 2010년 중국의 국방비 지출은 약 1,100억 달러약 126조 원로 미국약 6,800억 달러의 1/6 수준에 그쳤으나 2016년에는 2배가량 늘어난 2,150억 달러약 246조 원를 기록, 미국 국방비5,960억 달러의 1/3 수준까지 격차를 좁혔다.

중국은 첫 항공모함인 랴오닝호를 이미 실전 배치했으며 신형 항공모함인 산둥호와 광둥호는 자체 설계와 독자 기술로 건조하고 있다. 특히 광둥호는 기존 스키 점프식 이륙대가 아닌 미군의 캐터펄트식 이륙대를 채택해 작전 반경과 무기 탑재량이 크게 늘어날 것으로 보인다. 중국이 항모 건조를 마치고 함재기 이착륙 기술을 완전히 획득해 3척의 항공모함랴오닝호, 산둥호, 광둥호 운행이 순조롭게 이루어진다면 핵 추진 항공모함도 머지않아 보유할 것으로 전망된다. 중국 공군 역시 기존 방어 전략에서 벗어나 공세와 방어 전략을 동시에 추진한다는 방침을 세워놓고 있으며 5~10년 내로 신형 차세대 스텔스 전투기 J-20과 J-31, 신형 전략폭격기 젠훙-7의 실전 배치를 마무리한다는 계획이다. 특히 중국의 항공모함 보유는 자국의 이익을 위해 힘을 외부에 투사할 수 있다는 적극적 의지와 능력을 보여주는 것으로 역내 지역에서 미·중 간 본격적 경쟁과 갈등이 예상된다.

이처럼 최근 전개되고 있는 미국과 중국 사이의 세력 변화는 양국 간 협력보다는 갈등을 증폭시키는 방향으로 나아가고 있다. 향후 미국은 다양한 방식으로 중국의 부상을 억제하고 포위하고자 재정적 압박에도 불구하고 자국의 군사력과 동맹 관계를 강화하면서 목표에 맞게 역내 질서를 유지하고자 노력할 것이다. 중국 역시 나름대로 독자적인 세력을 구축하고 미국의 핵심 이익을 크게 침범하지 않는 선에서 변화를 밀어붙일 것이다.

문제는 한국의 입지가 좁아지고 있다는 점이다. 한국은 미·중 관계 대립과 갈등이라는 매우 어려운 숙제를 안게 됐다. 안보적으로 한미 동맹에 의존하고 경제적으로 중국의 영향력이 점점 더 커지고 있는 상황에서 어느 한쪽을 선택한다는 것은 미·중 관계에서 오는 불확실성을 감안할 때 너무 위험하다고 할 수 있다. 결국 한미 동맹을 강화해나가면서 한중 관계를 안정적으로 유지할 수 있는 새로운 대미·대중 정책 수립이 절실히 필요한 상황이다.

03

갈등과 대립 가속화하는 G2
생존의 길 찾아야 하는 한국

트럼프 행정부 출범은 중국에 있어 하나의 기회이자 도전이다. 앞서 살펴봤듯 트럼프 행정부는 기존에 미국이 강조해온 국제주의, 개입주의, 동맹 결속 강화 등의 가치보다 미국의 실질적 이익과 경제 회복을 우선시하는 실용주의적 외교 정책을 추진하고 있다. 동·남중국해, 사드, 북핵, 대만 문제 등과 같은 중국의 핵심 이익에 직접적인 영향을 미칠 수 있는 부분에 대해 미·중 양국이 일정 부분 양보 및 타협을 시도한다면 중국 역시 무역 불균형 개선, 환율 조작국 문제 해결에 나서는 등 기존 예측과는 상반된 상호협력 위주의 새로운 미·중 관계 도래도 충분히 가능할 것이다.

그러나 그간 끊임없는 중국 때리기를 통해 중국과의 새로운 관계 설정을 강력히 주장해왔던 트럼프 행정부로서는 대중 정책을 급격히 변화시키기가 쉽지 않다. 트럼프 대통령은 지난 대선 기간에 매우 강한 어조로 중국의 불공정한 무역 관행과 환율 조작 의혹 등을 적극 부각시키면서 대중 강경책 추진을 시사했다. 피터 나바로 국가 무역위원회 위원장 역시 중국과의 불공정한 무역, 군사력 증대 위협 등으로 미국이 상당한 피해를 보고 있어 이를 적극 개선할 필요가 있다는 강경한 입장을 밝히고 있다.

이러한 측면에서 볼 때 트럼프 행정부는 중국의 급격한 부상을 억제하는 차원에서 자국의 군사력과 한국·일본 등 역내 동맹국들과의 관계를 보다 강화하고 한·미·일 3국의 미사일 방어망MD을 구축하는 등 소위 트럼프 방식의 대중 포위망을 만들어갈 가능성이 매우 높아 보인다. 트럼프 행정부의 주요 외교안보 참모진들의 발언을 살펴보면 중국의 급격한 군사력 증강에 대응하기 위해 미국은 중동 지역에 대한 대규모 군사 개입을 줄이는 한편 최첨단무기와 해·공군력을 아시아태평양 지역으로 배치해나간다는 입장이다.

미국 국방부는 미래 군사안보 전력 지침 발표를 통해 2020년까지 미 해군과 공군 병력의 60%를 아시아태평양 지역에 재배치하고 항공모함, 크루즈미사일, 구축함, 전술항공기, 전략폭격기, 연안전투함LCS 등을 증강하고 하이브리드 전쟁에 대비한 사이버 안보 역량까지도 강화해나갈 것을 밝히고 있다. 트럼프 행정부의 주요 대중 정책 입안자인 나바로 위원장도 그동안 중국이 대외적으로 화평굴기평화롭게 우뚝 선다 전략을 주장하면서도 동시에 스마트 지뢰, 무인기, 항공모함 타격 미사일 등 비대칭전력을 꾸준히 증강해왔다면서 중국의 이중성에 적극 맞대응하겠다는 매우 강경한 입장을 밝히고 있다. 트럼프 대통령 역시 강한 어조로 줄곧 중국의 불공정한 무역 관행과 남중국해 영유권 분쟁 등을 적극 부각하면서 대중 강경책 추진을 시사하는 등 향후 미·중 간 패권 경쟁은 더욱 격화될 것으로 보인다.

이 같은 분위기 속에서 트럼프 대통령은 일본 아베 신조 총리를 만나 미·일 정상회담을 가졌다. 그동안 아베 내각은 대중 포위 전략 목표 아래 적극적 평화주의와 군사적 재무장 및 보통국가화를 내세우면서 미·일 동맹을 강화해나갔다. 미국의 적극적인 방위 공약 지지에 힘입어 일본은 센카쿠열도 영유권 포기는 절대 불가능함을 밝히고 북한은 물론 중국을 국가 안보 위협으로 명시하는 등 매우 공세적인 입장을 보여주고 있다. 이에 더해 2017년 2월 3일 매티스 국방장관은 첫 일본 방문 시 주일 미군 비용과 관련해 일본의 방위비 분담은 다른 국가의 모범이 된다고 높게 평가하면서 기존 동맹국들에 보다 많은 방위비 분담과 역할 발휘 등을 요구하고 있다.

트럼프 행정부는 중국의 부상을 억제하고자 한·미·일 3국 군사 협력을 강화하고 인도·호주·베트남·아세안과 전략적 군사 네트워크를 구축하는 등 군사·경제·외교안보 등 모든 영역에서 보다 공세적인 대중 포위 전략을 추진해나갈 것으로 예상된다. 중국과의 갈등 요인 등에도 적극 맞대응한다는 입장이다. 이미 대통령 취임 전 미·중 수교 이후 처음으로 차이잉원 대만 총통과 전화 통화를 시도하면서 하나의 중국 원칙 재검토를 공언하고 티베트, 동·남중국해, 북핵, 사드 문제 등에 있어 강경 대응을 불사하고 있다. 특히 사드 배치 문제는 취임 첫날 백악관 홈페이지에 올린 글을 통해 북한과 이란 같은 불량 국가들의 각종 미사일 공격에 대비해 최첨단 미사일 방어망을 개발하는 데 보다 적극적인 투자를 기울여나갈 것이라 주장하는 등 강한 배치 의사를 내비쳤다.

일각에서는 미·중 양국이 거래를 통해 관계를 원만히 유지할 수 있을 것이라는 관측도 나온다. 특히 중국 내 일부 전문가들은 미국 경기 회복을 돕는다는 차원에서 주요 기업인들을 주축으로 하는 대규모 투자구매사절단을 미국에 보내 미·중 관계를 개선할 것을 적극 주장하고 있다. 사업가 출신인 트럼프가 미·중 관계를 주고받기 식의 거래 관점에서 접근할 가능성을 높게 보고 있는 것이다. 하지만 트럼프 행정부는 미국 우선주의에 입각한 이익 관철을 주장하고 있어 중국이 제시할 것으로 보이는 경제적인 양보미국 투자 및 대규모 물품 구매 등 이외에 다른 것국유 기업 및 금융시장 개방 등들을 적극 요구할 가능성도 있다. 그러나 이러한 부분은 중국의 내부적 이해관계와 밀접하게 연계돼 있어 양보할 가능성은 거의 없어 보이며 미·중 간 갈등과 경쟁은 사실상 피하기 어려운 상황이다.

이처럼 트럼프 행정부가 대중 강경책 추진 의지를 보이자 시진핑 정부 역시 물러서지 않고 적극 맞대응하겠다는 강한 의지를 나타내고 있다. 이를 보여주듯 2017년 신년사에서 시진핑 주석은 화평굴기 원칙을 다시금 강조하면서도 영토 주권과 해양 권익 등 핵심 이익은 절대 양보하지 않겠다는 입장을 분명히 했다. 시진핑 지도부는 중국 공산당 창당 100주년이 되는 2020년경에는 부강한 중국을 건설하고 2050년경에는 세계를 이끌어가는 범중화주의Pax Sinica 강대국이 되는 것을 목표로 제시하고 있다. 시진핑 정부는 역내 패권국으로 자리매김하는 차원에서 강국의 꿈은 강군의 꿈이라 규정하면서 '아시아의 안보는 아시아의 손으로'라는 중국 주도의 새로운 안보 질서 수립을 제창하기 시작했다.

시진핑 정부는 지난 18차 당 대회 보고에서 '중국의 국제적 지위에 걸맞고 국가 안보와 발전 이익에 부응하는 강한 군대를 건설하는 것이 전략적 임무'라 규정하고 '전쟁을 벌일 수 있는 군대, 전쟁에 나서면 이길 수 있는 군대'로 육성해나갈 것이라 밝혔다. 특히 2015년 11월 26일 당 중앙군사위원회 회의를 개최해 기존 중국군의 현행 지역 방어 중심의 7대 군구 체계를 신속 대응이 가능한 공격형 5대 전구 체계로 전면 개편하고 군종 간 유기적인 통합 작전 체계 수립을 위해 현행 4대 총부총참모부, 총정치부, 총후근부, 총장비부와 육해공군, 전략로켓군제2포병을 새롭게 신설된 연합작전지휘중심총지휘부 산하로 편입했다.

향후 중국군은 2020~2025년까지 역내에서 제한적·국지적 수행 능력에서 벗어나 높은 수준의 전역급 작전 능력을 갖출 것으로 보인다. 이러한 목표를 달성하기 위해 국방 현대화 계획에 따라 해·공군

무기 현대화 및 비대칭전략무기 증강에 전체 국방비의 1/3 이상을 투입해나간다는 방침이다.

2017년은 19차 당 대회를 통해 신임 중국 지도부가 구성되는 매우 중요한 한 해로 향후 중국은 미국의 대중 포위망 무력화 및 역내 주도권 강화를 통해 중국의 꿈을 실현한다는 강한 의지를 보여주고 있다. 이를 위해 2020~2025년까지 군 정보화와 첨단화 목표를 세우고 정밀타격무기 증강, 핵 억제력 및 원거리 공정 작전 능력 강화, 항공모함 및 핵잠수함 추가 건조, 제5세대 스텔스 전투기J-20, F-31C 및 전략핵폭격기젠훙-7 도입, 둥펑DF 계열 신형 중장거리 탄도미사일 증강 배치, 사이버 전력, 조기 경보 및 공중 통제 능력 확보 등 군사력 강화에 총력을 기울이고 있는 중이다.

아울러 최근 중국은 해군력 강화를 바탕으로 갈수록 공세적인 해양 안보 전략을 펼치기 시작했다. 향후 중국은 안정적인 에너지 수급을 위해 해군력을 강화하고 동·남중국해에 대한 핵심 이익을 공식적으로 언급하며 공세적 해양 안보 전략을 펼칠 가능성이 높아 보인다. 이미 중국 해군은 근해 및 원해 작전이 가능한 최신형 구축함과 잠수함을 건조하고 있으며 자체 기술로 항공모함을 건조하고 있다. 2016년 중국은 20여 척 신형 함정을 새롭게 배치했으며 2018년 첫 국산 항공모함을 실전 배치하고 2025년까지 핵 항공모함 2척을 포함해 미국 항모전력과 맞먹는 6척까지 보유한다는 계획을 밝히고 있어 역내 질서 변화에 매우 직접적인 영향을 미칠 것으로 보인다.

트럼프 행정부는 중국의 군사적 도전을 차단하기 위해 군사용 드론과 무인잠수함, 레이저무기, 레일건 등 최첨단무기 체계 개발 전략을 수립했다. 미국 국방부도 함정을 270척에서 350척, 공군 전투기를 1,200대에서 1,300대로 증강하고 육군 병력을 49만 명에서 54만 명으로, 해병대를 27개 대대에서 35개 대대로 늘리고 국방비를 1조 달러약 1,147조 원까지 확대한다는 야심 찬 계획안을 내놓았다.

최근 아시아태평양 지역은 과거 냉전 시기에 그랬던 것처럼 미·중 간 적대적 대결 양상이 펼쳐지고 있다. 물론 인접 국가들 사이에 긴밀한 경제적 의존 관계가 형성돼 있어 경제적 이익이 안보적 갈등을 다소 완화할 가능성도 있는 것이 사실이나 안보와 경제는 별개의 문제인 만큼 향후 미·중 간 패권 갈등은 더욱 고조될 것으로 보인다. 트럼프 행정부는 대중 포위망 구축 차원에서 강력한 군사력 보유와 미·일, 한미, 한·미·일 동맹 강화를 주장하고 있다. 동맹 강화를 명분으로 동맹국에 보다 많은 방위비 분담을 요구하게 될 가능성이 매우 높다.

북한의 핵·미사일 개발은 미국과 중국의 입장이 첨예하게 대립하는 문제 중 하나다. 중국은 북한의 핵·미사일 개발은 남북한 대립과 미국의 대북 적대시 정책의 결과물이라고 주장한다. 따라서 한국과 미국이 근본적이고 전향적인 대북 정책 전환 없이 사드를 배치하고 중국 책임론만을 주장한다면 북핵 문제 해결은 불가능하다는 입장을 고수하고 있다.

지금의 상황에서 중국이 한국이 바라는 정도로 북한에 강력한 제재를 가할 수 있을 것이라고 생각한다면 이는 과도한 희망일 수도 있다. 물론 북한의 연이은 도발로 중국 내에서도 북한을 바라보는 시각이 과거에 비해 많이 나빠졌으나 미·중 경쟁 가속화, 사드 배치 문제, 한·미·일 3각 군사 협력 강화 등으로 인해 오히려 북한의 지정학적 가치가 점차 높아지는 것 역시 우리가 직면한 냉정한 현실이다.

결국 한국은 '북한 비핵화'라는 목표를 달성하기 위해 미·중 간 패권 경쟁이 미치는 부정적 영향을 최소화하는 노력을 기울여야 하며 북한 비핵화는 정권의 변화와 상관없이 일관된 원칙과 방향 아래 추진해나가야 한다. 아울러 북한의 군사적 도발에 대응하는 차원에서 핵우산 등 미국의 북핵 위협 억제 전략에 대한 실질적인 합의를 도출하고 북한 핵무기에 대한 선제타격을 위한 킬체인Kill Chain, 한국형 미사일 방어 체계KAMD, Korea Air and Missile Defense 등 대북 맞춤형 억제 전략을 조속히 구체화할 필요가 있다. 미국과 중국이 북핵 문제에 대한 공감대를 형성한다면 대화를 통한 문제 해결 등 지금과는 전혀 다른 국면이 전개될 가능성도 존재하는 만큼 이에도 대비해야 한다.

한편 미국은 중국과의 갈등이 고조되면서 미·일 동맹의 필요성을 재확인하고 협력을 강화하는 작업을 진행 중이다. 이는 중국 포위망 구축과 동북아 분쟁에 대비한 일본의 군사적 역할 확대로까지 이어질 가능성이 높다. 실제로 미국과 일본은 2016년 중국 견제라는 공동 목표하에 미·일 방위 협력 지침을 개정하고 집단적 자위권 행사를 전제로 미·일 동맹의 제도적 정비를 마무리했다.

한국의 외교안보 여건이 급속히 악화되는 가운데 한국이 살아남기 위해 해야 할 일은 무엇인가. 미국, 중국, 일본, 러시아 등 4강에 둘러싸인 지정학적 여건상 한국의 독자적인 힘으로 외교안보 목표를 달성하기는 어렵다.

대안은 힘이 아닌 '좋은 생각'으로 리드하는 것이다. 즉 생각의 리더십을 발휘해 정당성과 논리의 힘으로 합리적 선도자 역할을 해나가자는 것이다. 강대국이 아닌 이상 국제 규범과 제도의 발전에 적극 동참하고 지원하는 것이 바람직하다.

힘이 지배하는 국제 관계보다는 규칙에 기반을 둔 국제질서가 중견국이나 약소국이 생존하기에 유리하기 때문이다. 비슷한 입장을 가진 중견국들과의 네트워킹을 통해 국제무대에서 발언권을 높여가는 것도 바람직한 전략이다.

이를 위해서는 한국의 정치 안정이 중요하다. 특히 우리의 핵심 외교안보 사안에 대한 노이즈Noise 관리가 매우 중요하다. 안보 앞에서는 여와 야가 있을 수 없으나, 국내 정치권은 국익은 아랑곳없이 서로 상충되는 견해들을 쏟아내고 있다. 이는 안보 문제를 둘러싼 심각한 '적전 분열' 행태에 다름 아니다. 물론 정치적 입장에 따라 다양한 의견들이 나오는 것을 막을 수는 없으나 적어도 국가 안보의

한미 연합기동훈련 모습 　　　　　　　　　　　　　출처: 대한민국 해군 홈페이지

핵심 사안에 대해서는 여야를 떠나 일관된 메시지를 유지해야 한다. 한국 정치권은 외교 노선 논쟁을 중지하고 한미 동맹, 한·미·일 안보 협력, 사드 배치 문제 등 핵심 외교안보 사안에 대해서는 일관된 메시지를 보내는 것이 중요하다.

한국 내부의 의견이 분열될수록 중국은 한국을 더욱더 외부에서 흔들려고 시도할 것이 분명하다. 이럴 때는 '중국의 보복을 각오하더라도 안보 문제는 결코 양보할 수 없다'는 강력하고 단합된 메시지를 보내는 것이 답이다.

한미 관계에 있어서 단기적으로는 트럼프 신행정부와의 소통 채

널을 확보하고, 우리의 정책 요망 사항을 신속하고 정확하게 전달해야 한다. 한미 관계에 관련되는 이슈별로 우리가 원하는 정책 목표와 방향, 협력 범위 등을 정확히 전달해서 미국 행정부의 정책에 반영되도록 외교적 노력을 집중해야 한다. 필요하면 강력한 목소리를 내야 한다. 워싱턴의 정책이 입안되기를 수동적으로 기다릴 게 아니라 트럼프 정부와 의회를 적극적으로 공략하려는 자세가 필요하다. 장기적으로는 한미 동맹을 강화하되, 주변국들과의 관계를 안정적으로 관리·발전시키는 데 주력해야 한다. 지극히 모범 답안이지만 이 이상의 해법이 나올 수 없는 구조적 상황이다.

모든 외교적 결정에는 비용이 따르기 마련이다. 예를 들어 한국이 사드를 도입하든 하지 않든 일정한 정치적 비용이 따를 수밖에 없는 것이 한국의 지정학적 상황이다.

중국은 한·미·일 안보 협력의 방향성을 테스트하기 위해 한국을 끊임없이 흔들려고 할 것이다. 만일 한국이 사드 문제에서 흔들리면 앞으로도 계속 흔들릴 일들이 비일비재하게 될 것이 분명한데, 그럴 때마다 우리의 안보적 고려를 접어두고 소위 '전략적 모호성' 아래 숨거나 아니면 결정을 마냥 이후로 미루기만 할 것인가? 정부가 할 일은 중요한 외교안보적 선택에 따르는 비용이 과연 지불할 가치가 있고 감당할 만한 것인지, 국가 이익의 우선순위에 따라 현명하게 판단하는 것이다.

사드는 한국이
스스로를 지키기 위한 것

에드윈 퓰너Edwin Feulner 미국 헤리티지재단The Heritage Foundation 설립자

Q | 미국과 중국 간의 무역 갈등이 한국에 영향을 미칠 수 있다고
　　보는가?

A | 트럼프 대통령은 미국 친화적인 방식을 강조하고 있다. 국제 협
정이나 국제 관계에 대해서도 미국의 국익에 맞게 단호하게 수행해
나갈 것이다. 중국 수출품에 관세를 부과하거나, 미국 수출 산정 방
식 변경이나 수입품에 대한 국경세가 어떻게 되는지 등은 의회와 정
부 모두가 조속히 결정해야 하는 사항이다. 트럼프 대통령은 이를
미국과 해외에 모두 알리려 하고 있고, 워싱턴에는 새로운 질서가
형성될 것이다. 새로운 질서는 '아메리카 퍼스트'다.

Q | 사드 배치와 관련해 미국과 중국이 직접 대화할 수도 있는가?
A | 그렇지 않을 것이다. 중국은 사드가 중국에 위협이 되지 않는다

는 것을 분명히 알아야 한다. 사드는 한국이 북한으로부터 스스로를 지키는 데에 사용될 것이다. 중국은 중국이 스스로 무엇을 해야 하는지를 알아야만 한다. 이것은 미국과 중국의 문제가 아니다. 매티스 국방장관이 말한 대로 사드는 한국에 필요하고 그렇기 때문에 배치돼야 한다. 미국과 한국은 이 부분에 있어서 입장이 분명하다.

Q | 북한에 대한 정밀타격Surgical Strike을 할 조건은 어떤 것이 있는가?

A | 한국과 미국이 북한에 대해 어떤 결정을 내릴지는 예상하기 어렵다. 북한은 국제사회에서 불법적인 정권이다. 트럼프 대통령이 여러 차례 말한 대로, 그는 아무런 조건을 제시하지 않을 것이다. 그는 어떤 조건이 사용될지 전망하지도 않을 것이다. 나 역시 마찬가지다. 미국과 한국은 북한에 어떤 응답이 필요한지 논의할 필요가 있다. 어느 정도인지 미리 추정할 수는 없다. 예민한 상황이다. 미국과 한국은 50년간 함께했고, 앞으로도 그럴 것이다.

Q | 미국의 목표는 북한 핵의 동결인가, 폐기인가?

A | 미국 정부의 목적은 북한의 핵시설을 제거하는 것이다. 그리고 그것이 동북아시아 안전을 위해 평화적인 방법으로 단행되기를 바란다.

Q | 평화적인 방법이라는 것은?

A | 중국이 북한에 더 경제적인 압박을 가해야 한다. 북한의 경제 상황이 북한 스스로의 적절한 행동에 달려 있다고 말해야 한다. 핵무기에 대한 망상을 버리라는 의미다. 이 같은 메시지가 베이징에서 평양으로 전달돼야 한다. 중국이 열쇠를 쥐고 있다.

Q | 중국이 참여하지 않으면?

A | 서울과 도쿄, 워싱턴이 베이징에 옳은 일을 하라고 계속해서 압박하는 것이 효과적일 것이다. 중국은 트럼프 대통령 취임 후 워싱턴의 분위기가 바뀐 것을 매우 빠르게 인식하고 있고, 트럼프 대통령은 각국이 의무를 다해야 한다고 강조하고 있다. 베이징이 스스로의 의무를 다해야 하고, 서울 혼자서 할 수 있는 일은 아니다.

Q | 미국과 중국이 북한 핵을 놓고 거래를 할 수 있을까?

A | 트럼프 대통령은 베이징이 이웃나라를 어떻게 해야 하는지 명확히 했다. 미국은 과거의 변명을 받아들이지 않을 것이다. 핵심은 미국과 중국이 북한에 대한 합의를 이뤄낼 수 있다는 점이다. 이는 충분히 일어날 수 있다.

Q | 한미 동맹을 위해 방위비 분담 문제는 어떻게 해야 하나?

A | 한미 동맹은 지속될 것이다. 한국의 기여도를 높이라는 것은 오

래된 논쟁이다. 미국은 언제나 한국이 더 해주기를 바라고 있고, 이 것은 새로운 것이 아니다. 트럼프 대통령은 단순히 사람들에게 한미 관계는 여전하고, 계속해서 지켜보고, 새로워지고, 활력을 더해가야 한다는 부분을 강조한 것뿐이다. 뭔가를 승인받거나 하는 사안이 아 니다.

Q | 한국의 독자적인 핵무장에 대해서는 어떻게 생각하나?

A | 지금 시점에서 한국의 독자적인 핵시설을 개발하는 것은 불필 요한 일이다. 한미 관계는 미국의 핵무기를 함께 공유할 수 있을 정 도로 충분히 강력하다고 생각한다. 한국이 결정해야 할 것은 한국이 하면 된다. 나의 관심은 중국이 북한의 행동에 대해 아무것도 하지 않는다는 데에 있다. 한국이 북핵에 대비해 핵무장할 가능성이 생긴 것은 자신들의 책임이라는 것을 중국이 알아야 한다. 중국이 한국, 일본, 대만에서의 핵 확산을 원하지 않는다면, 북한을 통제해야 한 다는 책임감을 가져야 한다.

Q | 러시아는 어떤 역할을 해야 하나?

A | 러시아는 6자회담의 한 축이다. 러시아는 중국과 대부분 뜻을 함께하고 있다. 러시아는 북한이 적절한 행동을 하는 데에 있어서 중국이 중요한 역할을 한다는 점을 알아야 한다. 미국과 러시아는 중동과 동부·중부 유럽에서 많은 일을 해야 한다. 이란과 북한은

유엔의 제재를 받은 나라고, 비슷한 상황에 있는 게 사실이다. 하지만 이 두 나라는 지정학적 상황이 많이 다르다. 러시아는 이란에 더 관심이 있고, 중국은 북한에 더 관심이 있다. 그들은 관심이 서로 다르지만, 크게 다른 것도 아니다.

Q | 트럼프는 한국에 어떤 것을 원하는가?

A | 트럼프 대통령은 공정한 조치를 원한다. 트럼프는 길에 다니는 현대자동차 상당수가 앨라배마 공장에서 만들어졌다는 것을 알고 있다. 하지만 그는 기술과 특허는 한국에서 왔다는 것을 안다. 그러나 그의 주변에서는 한국에 대한 미국의 수출에는 비관세 장벽이 있다고 얘기한다. 트럼프 대통령은 한국 정부가 퀄컴에 수백만 달러의 과징금을 부과한 사실을 알고 있다. 마찬가지로 한국에서는 우버 운영이 제한돼 있다는 것도 알고 있다. 한국에서는 미국의 기술이 배제된 반면, 미국은 한국의 기술을 받아들이고 있다. 그러면 트럼프 대통령은 "이봐, 이건 공정하지 않잖아"라고 말할 것이다. 라이시저나 윌버 로스 같은 트럼프 대통령 쪽 사람들은 이 부분을 면밀히 들여다보면서 새로운 FTA가 필요하다면 반드시 자유롭고 공정해야 한다고 말할 것이다. 미국 기업들이 한국 정부로부터 차별을 받게 되면 우리는 이것은 공정하지 않다고 말할 것이다. 퀄컴은 첨단 기술을 갖고 있고, 이는 삼성전자 제품의 성공에도 중요한 영향을 미쳤다. 하지만 한국 정부는 퀄컴에 과징금을 부과했고 현 정부는 이

를 긍정적으로 보지 않는다. 한미 FTA의 일부는 보강돼야 하고 새로워져야 한다. 이 같은 이슈는 우리 측에서 제기할 것이다.

Q | 한미 FTA에 대한 전망은?

A | 한미 FTA는 해리티지재단에서 강하게 지원했고, 2017년 3월로 발효 5주년을 맞았다. 5년 전과 마찬가지로 양측이 긍정적인 부분과 개선해야 할 부분에 대해 말할 수 있어야 한다. 5년이 지났기 때문에 다시 돌아가서 리뷰를 해야 한다는 것이다. 5년 사이에 기술과 환경이 많이 바뀌었다. 5년 전만 해도 트위터에 대해 잘 몰랐다. 우버도 2010년 이후에나 시작됐다. 이제 우버가 한미 FTA에서 빠져 있다는 사실에 대해 얘기하자는 것이다. 이것이 미국에서 한국에 물어보고 싶은 것이다. 그리고 지적재산권의 중요성에 대해서도 강하게 말하고 싶다. 어떤 기술 기업이 첨단 기술로 다른 기업들이 반드시 이용해야 하는 제품을 만들었다고 해서 벌을 받아야 하는가? 이런 질문들이 곧 나오게 될 것이다. 5주년을 맞은 한미 FTA는 한국과 미국이 함께 살펴봐야 한다.

한반도 생존의 길

대북 군사력 우위의
종말

01

더 높아진
북한 핵·미사일 위협

커지는 북한의 핵·미사일 능력

1990년대 중반 이후 한국과의 재래식 군비 경쟁에서의 열세를 만회하기 위해 북한은 핵·미사일 등 대량살상무기를 구축하는 '비대칭적 군비 경쟁'에 치중하고 있다. 하지만 우리 군은 독자적으로 이러한 북한의 비대칭전력을 완전히 무력화할 수 있는 확실한 수단을 아직까지 보유하지 못하고 있다.

《국방백서 2016》에 따르면 북한은 핵무기를 만들 수 있는 플루토늄 50여 kg을 보유하고 있는 것으로 추정되며 HEU 고농축우라늄 프로그램도 상당한 수준으로 진전시키고 있는 것으로 평가된다. 또 핵무기 소형화 능력도 상당한 수준에 이르렀다고 평가했다.

핵무기 1개를 제조하는 데 플루토늄 6~8kg이 필요하다고 가정하

<표 2-1> 북한군 비대칭전력

구분	규모	특징
핵무기(개)	최대 40	HEU 프로그램 운용
탄도미사일(발)	2,000	스커드-B·C, 노동, IRBM 등
화학무기(t)	2,500~5,000	탄두 충전용 화학작용제
생물무기(종)	12	탄저균, 천연두, 콜레라 등

출처: 국방부, 랜드연구소 등

면 북한은 최소 6개에서 최대 9개의 핵무기를 보유하고 있는 것으로 추정할 수 있다. 김열수 성신여대 교수는 "북한은 약 240㎏의 HEU를 보유하고 있고 이는 12개의 핵무기를 제조할 수 있는 분량"이라고 주장한다.

스웨덴 스톡홀름국제평화연구소SIPRI가 1969년부터 매년 발간해온 국가별·지역별 국방비 및 무기 수출입 자료집인《SIPRI Year-book 2016》에서는 핵무기 1개를 제조하는 데 필요한 플루토늄은 6㎏이며, 2015년 기준으로 북한이 영변 원자로를 완전히 재가동했다는 증거는 없다고 분석했다. 또 북한은 HEU 생산을 위해 1개의 설비를 가동하고 있으며, 20여 개의 핵무기를 보유한 것으로 추정하면서 북한이 핵무기 소형화에 아직까지는 성공하지 못한 것으로 추정했다.

김남기 공군중령은 〈합동군사연구〉 26호에 게재한 〈한국형 미사일 방어 체계KAMD의 효율적 구축 및 발전 방향〉이라는 제목의 논문에서 2016년 말 기준으로 북한은 최대 34개의 핵무기를 보유했을 가능성이 있다고 주장했다. 미국 랜드연구소는 2016년 말 기준 북한의 핵무기 보유량을 40기로 추정하고 있다. 그러나 북한을 제외한 그 어느 국가도 북한의 핵무기 보유량을 정확하게 알지 못한다.

북한의 위협은 핵무기에만 한정되지 않는다. 북한은 동북아시아 전체를 위협할 수 있는 탄도미사일을 보유하고 있고, 미국을 겨냥한 대륙간탄도미사일ICBM도 개발하고 있다.

북한은 미국 본토를 위협할 수 있는 대포동 2호ICBM, 광명성 또는 KN-08를 개발하고 있으며, 일본 전역과 미국 괌 기지를 타격할 수 있는 무수단미사일화성-10호 또는 KN-07을 이미 실전 배치하고 있다. 일본 일부 지역을 타격할 수 있는 중거리 미사일MRBM 노동 1호화성-7도 이미 실전 배치했다. 하지만 실질적으로 한국 안보를 위협하고 있는 미사일은 스커드-B화성-5, KN-04와 스커드-C화성-6, KN-05 등 단거리 미사일이다. 스커드-B 미사일은 사정거리가 300㎞ 정도로 대전까지 공격할 수 있으며, 스커드-C 미사일은 사정거리가 500㎞로 부산 지역을 공격할 수 있다.

그러면 북한은 이러한 미사일을 몇 기나 보유하고 있을까. 오래전 자료지만 2004년 한국 정부는 북한이 스커드-B·C 단거리 미사일은 500~600기를 보유하고 있을 것으로 추정했으며, 노동 1호 미사일 200여 기와 중거리 탄도미사일IRBM 무수단미사일을 30여 기 보유하고 있는 것으로 추정했다. 북한이 2013년 기준으로 사거리 120㎞인 KN-02 100기, 스커드-B 800~900기, 스커드-C 260기, 노동

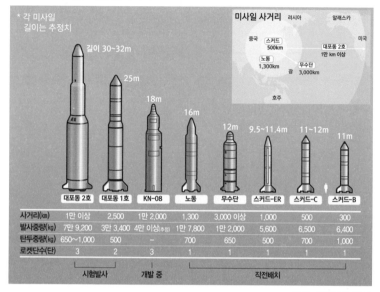

	대포동 2호	대포동 1호	KN-08	노동	무수단	스커드-ER	스커드-C	스커드-B
사거리(km)	1만 이상	2,500	1만 2,000	1,300	3,000 이상	1,000	500	300
발사중량(kg)	7만 9,200	3만 3,400	4만 이상(추정)	1만 7,800	1만 2,000	5,600	6,500	6,400
탄두중량(kg)	650~1,000	500	–	700	650	500	700	1,000
로켓단수(단)	3	2	3	1	1	1	1	1

출처: 《국방백서 2016》

미사일 250기, 무수단 중거리 미사일 100기 등 약 1,600기의 미사일을 보유하고 있다는 주장도 있다. 그러나 상기 수치들도 추정치일 뿐이다.

북한의 미사일 전력과 관련해 주목해야 할 것은 생화학무기다. 북한 핵 및 미사일 개발에 한국과 미국을 비롯한 국제사회의 모든 관심이 집중되어 있으나, 북한이 보유하고 있는 생화학무기도 간과해서는 안 된다. 화학무기 생산 능력에서 세계 3위인 북한은 2,500~5,000t가량의 화학무기를 보유하고 있는 것으로 알려져 있다. 또한 북한은 8개의 화학공장에서 연간 5,000t 규모의 화학무기를 생산할 능력을 가지고 있다.

북한은 탄저균, 천연두, 콜레라 등 12종의 균을 자체적으로 배양·생산해 생물무기화 할 수 있는 능력도 갖추고 있다. 그리고 생화학무기를 소형화해 프로그FROG 미사일로 투발投發할 가능성도 있어 우리에게 큰 위협이 된다.

한국의 북한 핵·미사일 억제력: 한국형 3축 체계

한국군은 2000년대 들어 '네트워크 중심전NCW, Network Centric Warfare'을 급변하는 현재 및 미래 전쟁 환경에 대비한 군사력 발전 방향으로 설정했다. 군은 네트워크 중심전 핵심인 '먼저 보고, 먼저 결정하고, 먼저 타격한다'는 개념에 입각한 새로운 전략 체계를 구축하기 시작했다. 이는 1990년대 중반 정보화 시대의 도래와 함께 미국에서 개발된 개념으로 공유된 인지 능력, 향상된 명령 속도, 신속한 작전 속도, 높은 적 파괴율, 증가된 생존성, 자기 동기화 수준을 성취하기 위해 네트워크로 연결된 센서, 의사결정자 등에 의해 정보 우세를 달성해 전투력을 향상시키는 것이다.

2013년 북한의 3차 핵실험 직후 한국 정부는 북한이 발사한 미사일을 최단시간에 인지하고 요격할 수 있는 한국형 미사일 방어 체계 구축과 북한의 핵 도발 징후가 포착되면 선제공격을 가한다는 개념의 킬체인 구축을 선언했다. 2016년 북한의 5차 핵실험 후 한국 정부는 추가로 북한의 핵·미사일 공격 시 북한 지휘부는 물론 모든 주요 시설에 대해 응징하는 대량응징보복KMPR, Korea Massive Punishment & Retaliation 체계를 구축한다고 발표했다. 한국형 미사일 방어 체계와 킬체인, 대량응징보복이 한국군이 구축 중인 '한국형 3축 체계'다.

구호만 요란한 킬체인

킬체인은 2008년 3월 당시 김태영 합참의장 후보자가 국회 인사청문회에서 "북한의 핵·미사일 공격이 임박한 상황에서 그냥 당할 수만은 없다"는 취지로 발언한 데서 시작된 대북 선제공격 개념이

킬체인 개념도

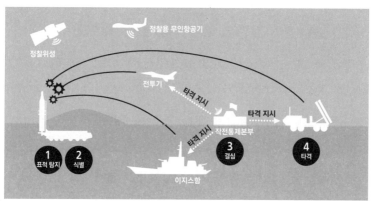

출처: 《국방백서 2016》

다. 킬체인은 북한의 핵·미사일 공격을 사전에 탐지해Find, 표적을 식별하고Fix, 공격을 결심한Target 후 타격한다Engage는 4단계로 진행된다. 총 소요 시간은 30분 이내로 설정하고 있다.

킬체인의 개념을 구체적으로 살펴보면 북한의 핵탄도미사일 발사 징후는 아리랑 3호, 금강·백두 정찰기 및 미국의 정찰위성, 무인정찰기, U-2 정찰기로 탐지한다. 미사일 발사 장소를 확인하고 선제 공격을 결정하면 한국 육군이 보유하고 있는 지대지미사일과 공군이 보유하고 있는 각종 공대지미사일, 정밀유도폭탄을 사용해 타격을 가하게 된다.

타격 수단으로는 우리 육군이 보유하고 있는 전술 지대지미사일 ATACMS사거리 300km, 현무-2 탄도미사일사거리 300~500km, 현무-3 순항미사일사거리 1,500km 등이 있다. 공군은 F-15 전투기와 SLAM-ER, AGM-142, JDAM, GUB-24, 벙커버스터Bunker-Buster 등 정밀유도무기를 보유하고 있다. 또한 공군은 독일의 공대지미사일 타우러스 260여 발을 2018년 상반기 실전에 배치한다. 하지만 군사위성 등 킬체인의 눈과 귀가 될 감시·정찰 자산이 절대 부족하고, 정밀유도무기 수량도 부족한 것으로 알려져 있다. 물론 고성능 공대지미사일과 유도무기를 투발할 수 있는 F-15 등 전투기도 부족하다.

북 미사일 요격 역부족인 한국형 미사일 방어 체계

한국형 미사일 방어 체계 구축에 대한 논의는 오래전부터 시작됐다. 2000년대 초부터 우리 정부는 북한의 핵·미사일을 효과적으로 방어할 수 있는 탄도미사일 방어 체계 구축 필요성을 논의하기 시작했다. 하지만 종심縱深, 전선에 배치된 부대의 최전선에서 후방부대까지 거리이 짧은 지형적 특성, 재정 부담 및 독자적 군사기술 능력 등을 고려해 종말 단계목표물을 향해 낙하하는 단계 하층방어 위주로 논의되다 2013년에 들어서야 본격적인 한국형 미사일 방어 체계 구축에 나섰다. 한국형 미사일 방어는 조기경보 체계, 지휘통제 체계, 요격 체계로 구성된다. 발사된 적의 미사일을 탄도탄 조기경보 레이더, 이지스함 레이더 등으로 탐지한다. 탐지된 정보를 작전통제소에서 분석하고 최적 요격포대에 전달한다. 그러면 명령을 받은 포대가 자체 레이더로 미사일을 추적해 요격 임무를 수행하게 된다.

한국형 미사일 방어 체계 개념도

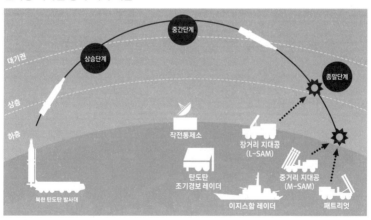

출처: 《국방백서 2016》

현재 한국군은 다목적 인공위성아리랑, 금강·백두 정찰기 등 감시·정찰 자산을 보유하고 있다. 하지만 다목적 인공위성으로는 북한의 장사정포와 단거리 미사일 발사에 대한 징후 파악, 특히 이동식 발사대 탐지·추적은 어렵다. 북한이 이동 발사대를 이용한 고체연료 탄도미사일 발사에 성공하면서 감시·정찰 자산의 중요성은 더욱 커졌다.

우리 정부는 감시·정찰 능력 향상을 위해 관련 자산 비용을 국방예산에 포함했다. 이에 따라 2018년부터 2020년까지 고고도 무인 정찰기HUAV인 '글로벌호크' 4대가 배치된다. 또 2015년 방위사업추진위원회에서 '군 정찰위성 확보 사업425사업' 기본전략 수정안을 의결했다. 수정안에 따르면 2020년대 초반부터 순차적으로 군 정찰위성 5기를 전력화해 북한 지역을 2~3시간 단위로 감시할 수 있는 능력을 확보하게 된다.

현재 군의 요격 수단은 북한의 탄도미사일을 저고도에서 요격할 수 있는 개량형 패트리엇 PAC-215km와 중거리 지대공미사일M-SAM, 40km, 중고도에서 요격할 수 있는 장거리 지대공미사일L-SAM, 60km 등이 있다.

그리고 우리 정부는 PAC-2 개량 사업을 진행하고 있으며, PAC-3도 2020년 이전에 도입한다는 계획을 가지고 있다. 2017년에는 고고도에서 미사일을 요격할 수 있는 주한미군의 사드가 배치될 예정이다.

하지만 앞선 무기만으로 북한의 탄도미사일을 탐지하고 요격하기는 매우 어려운 게 사실이다. 글로벌호크가 배치되고 독자적 군사위성 5기가 북한 전역을 감시한다고 해도 레이더 반사 단면적RCS, Radar Cross Section이 0.1~0.5㎡인 탄도미사일을 탐지한다는 것은 쉽지 않다.

참고로 대형 수송기의 레이더 반사 단면적은 100㎡, F-15는 10㎡, F-22는 0.001㎡다. 거기에다 탄도미사일은 그 속도가 빨라서 대응 시간이 매우 짧기 때문에 요격까지 이뤄지기에는 더더욱 어려운 것이다.

침투수단이 부족한 대량응징보복

대량응징보복은 2016년 북한 5차 핵실험 이후 공개된 작전 개념이다. 북한의 핵·미사일 도발 시 우리 군은 정밀타격이 가능한 미사일 전력과 특수작전부대 등을 운용해 북한의 전쟁 지도본부는 물론 북한군 지휘부를 직접 겨냥하는 대규모의 보복을 실행한다는 개념이다.

대량응징보복 수단으로는 우리 군이 개발한 지대지 탄도미사일인 현무-2A사거리 300㎞와 현무-2B사거리 500㎞ 등이 있으며, 2017년에는 사거리 800㎞의 탄도미사일도 전력화된다. 또 킬체인의 공격 수단도 대량응징보복 시 활용 가능하다.

국방부는 "현재의 탄도·순항미사일 능력으로도 상당 수준의 응징

대량응징보복 개념도

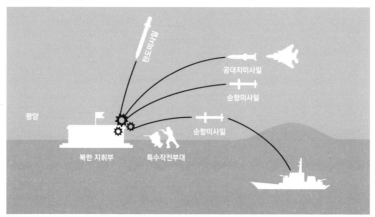

평양

탄도미사일

공대지미사일

순항미사일

순항미사일

북한 지휘부   특수작전부대

출처: 《국방백서 2016》

보복이 가능하다. 추가적으로 최적화된 발사 체계 및 대용량 고성능 탄두 등을 개발하고, 일부 특수부대를 정예화된 전담부대로 개편해 응징보복 능력을 극대화해나갈 것"이라고 밝히고 있다.

현재로서는 감시·정찰 자산의 부족과 정밀유도무기 수 부족, F-15 등 투발 수단의 부족 등 킬체인과 동일한 문제점을 지니고 있다.

02

주변국들 대비
열세인 군사력

4대 강국에 비해 왜소해지는 한국 군사력

대한민국의 군사 역량은 북한 및 주변국들과 비교해 어느 정도인 가를 살펴보자. 대한민국과 북한 및 주변국들과의 군사력 차이를 살펴보면 객관적 데이터는 한국이 우위에 있지만 북한은 핵이라는 비대칭전력을 보유하고 있기 때문에 반드시 한국군이 군사력에서 북한을 압도하고 있다고 결론 내리기는 어렵다. 주변 4대 강대국들의 군사력은 우리보다 확실히 우세하다.

군사력 비교 사이트 '글로벌 파이어 파워GFP'는 매년 세계 126개국의 군사력 순위를 발표한다. 글로벌 파이어 파워는 인구, 육해공군의 무기 체계, 석유 자원, 운송 능력, 국방 예산, 국토 면적, 지역 등 50여 개 변수를 사용해 군사력지수를 산출한다. 이 지수는 군사력 비교에 가장 많이 인용되는데, 보유 무기 수보다는 무기 체계 다양성에 초점을 맞춘 것이 특징이다. 예를 들면 소해정Minesweeper, 기뢰 제거나 파괴 작업을 하는 함정 100척이 10척의 항공모함과 전략적·전술적 가치가 동일하지 않음을 강조한다. 나아가 보유 핵무기는 군사력지수에 고려되지 않았지만 핵보유국과 핵보유 의심국에 대해서는 보너스 점수를 주었다고 설명하고 있다. 그러나 보너스 점수가 얼마인지는 밝히지 않고 있다.

〈표 2-2〉에 따르면 2016년 세계 126개국 중 대한민국의 군사력 순위는 11위다. 지난 몇 년 동안 군사력 순위 1, 2, 3위는 미국, 러시아, 중국으로 순위 변화가 없음을 알 수 있다. 2010년 이후 한국과 북한의 군사력 순위가 벌어지다 2016년 다시 좁혀졌음을 알 수 있다. 북한의 핵무기 고도화가 5차례의 핵실험을 통해 이루어지고 있다는 점을 감안한 것으로 추정된다. 즉 글로벌 파이어 파워는 북한

〈표 2-2〉 주변국 군사력 순위

	2010년	2011년	2012년	2013년	2014년	2015년	2016년
한국	13	7	7	8	9	9	11
북한	21	22	N/A	28	35	N/A	25
일본	8	9	9	17	10	10	7
미국	1	1	1	1	1	1	1
중국	3	3	3	3	3	3	3
러시아	2	2	2	2	2	2	2

단위: 위 　　　　　　　　　　　　　　　　　　　　　　출처: 글로벌 파이어 파워

이 사실상 핵무기를 보유하고 있다는 가정하에 보너스 점수를 부여했을 것으로 추측된다. 따라서 북한이 핵무기 소형화에 성공하고, 장거리 미사일을 실전에 배치할 경우 한국과 북한의 군사력 순위는 뒤바뀔 가능성도 배제할 수 없다.

한국은 2011년부터 일본과의 군사력 순위에서 앞서가다가 2016년 역전됐다. 이러한 역전 현상은 우리가 군사력 증강을 소홀히 했다기보다는 일본의 군사력이 비약적으로 증강되었기 때문이라고 판단된다. 2013년 아베 신조 총리 등장 후 일본은 '보통국가화'라는 슬로건을 내걸고 전쟁을 할 수 있는 국가로 거듭날 것을 선언했다. 이를 위해 미·일 동맹 강화를 적극적으로 추진하면서 군사력 증강에 박차를 가한 결과 한국을 앞서게 된 것으로 해석된다.

영국에서 발간되는 《밀리터리 밸런스Military Balance》는 전 세계 국가들의 군사력 수준을 살피기에 좋은 지표다. 국방부가 발간한 《국방백서》도 군사력 비교를 위해서는 《밀리터리 밸런스》의 자료에 의존한다.

본 책에서는 2017년 2월 발간된 《밀리터리 밸런스》에 근거해 분석을 시행했다. 군사력의 정밀 분석을 위해 종합국력, 육군, 해군, 공군 등 4개 분야로 나눠 살펴봤다. 우리의 군사력을 미국·중국·러시아의 군사력과 비교한다는 것은 의미가 별로 없다고 판단해 분석에서 제외했지만, 미국·중국 또는 미국·러시아 간의 군사력 차이는 한국을 향한 전략적 위협 정도로 판단해 비교·분석했다.

남북한 및 주변국 국력 비교

〈표 2-3〉은 2016년 현재 남북한을 비롯한 주변 4개국의 기초 자료를 보여준다. 인구수나 경제력 그리고 국방 예산 등을 비교할 때 남한과 북한의 차이는 매우 크다. 한국 인구는 북한의 2배고, GDP는 45배 앞선다. 남한의 1인당 GDP도 북한의 22배에 달한다. 2016년 한국의 국방 예산은 338억 달러약 39조 원로 북한75억 달러보다 4.5배 많았다. 병사 1인당 국방 예산을 비교해보면 한국은 5만 3,651달러약 6,135만 원이고 북한은 6,302달러약 721만 원다. 북한은 경제력에 비해 과도한 국방 예산을 사용 중이다. 한국의 국방 예산은 GDP 대

〈표 2-3〉 주변국 기초 자료 비교

구분	한국	북한	미국
인구(명)	5,092만 4,127	2,511만 5,311	3억 2,400만
GDP(달러)	1조 4,000억	308억	18조 6,000억
1인당 GDP(달러)	2만 7,633	1,239	5만 7,294
국방 예산(달러)	338억	75억	6,040억
총 병력(명)	63만	119만	134만 7,300

구분	중국	일본	러시아
인구(명)	약 13억 8,000만	약 1억 2,700만	1억 4,200만
GDP(달러)	11조 4,000억	4조 7,300억	1조 2,700억
1인당 GDP(달러)	8,261	3만 7,304	8,838
국방 예산(달러)	1,450억	473억	466억
총 병력(명)	218만 3,000	24만 7,150	83만 1,000

출처: 《밀리터리 밸런스 2017》

비 2.4% 정도지만 북한은 GDP의 24.4%를 국방비로 사용하고 있다. 일본은 한국보다 GDP 규모는 3.4배 크고, 국방 예산은 1.4배 많다. 일본 인구는 한국의 2배지만 병력 수는 한국의 40% 수준이다.

정체된 한국 육군력

한국 육군은 병력, 탱크, 야포 보유량에서 북한보다 열세에 있다. 특히 한반도 유사시 큰 피해를 줄 수 있는 다련장포 부문에서 북한은 우리 군의 26배나 되는 무기를 보유하고 있다. 다련장포는 동시에 12발 이상의 포탄을 우리에게 쏠 수 있는 매우 위험한 무기다. 반면 한국 육군은 북한 육군이 보유하지 못한 여러 종류의 헬기를 보유하고 있다. 특히 우리가 보유 중인 아파치헬기는 세계 최강의 공격헬기로 북한의 탱크부대를 무력화할 수 있는 화력을 갖고 있다.

남북한의 미사일 보유 수는 지대지미사일 발사대 수로 유추할 수 있다. 한국은 단거리 미사일 발사대 30여 기를 보유하고 있는 반면, 북한은 장·중·단거리 미사일 발사대 70기를 보유하고 있는 것으로 《밀리터리 밸런스》는 보고 있다. 하지만 《국방백서 2016》에 따르면 한국 육군은 지대지 유도미사일 발사대 200여 기를 보유하고 있으며, 북한 전략군은 100여 기 보유하고 있는 것으로 발표했다. 발사대 수가 보유 유도미사일 수와 비례한다고 단정할 수는 없지만, 보

〈표 2-4〉 육군력 비교

구분	한국	북한	미국
병력(명)	49만 5,000	102만	47만 5,350
탱크(MBT)	2,434	3,500 이상	2,384
장갑차(APC)	2,790	2,500 이상	1만 746
야포	1만 1,038 이상	2만 1,100 이상	5,312
다련장(MRL)	195 이상	5,100	600
지대지미사일 발사대	SRBM 30 이상	ICBM 6 MRBM 10 SRBM 54	ICBM 450 N/A SRBM 308
수송기	N/A	N/A	156
공격헬기(ATK)	68	N/A	596
수송헬기(TPT)	276	N/A	2,956
다기능헬기(MRH)	175	N/A	60
무인기(UAV)	N/A	N/A	341
공중방어(AD)	SAM 206	SAM N/A	SAM 1,103
미사일 방어(MD)	PAC-2 50	N/A	THAAD 40 PAC-3 80

구분	중국	일본	러시아
병력(명)	115만	15만 850	27만
탱크(MBT)	6,740	690	2,700
장갑차(APC)	5,020 이상	795	6,100
야포	1만 3,218 이상	1,774	4,316
다련장(MRL)	1,872 이상	99	850
지대지미사일 발사대	ICBM 62 MRBM 146 SRBM 189	N/A N/A N/A	ICBM 324 N/A SRBM 120
수송기	8	7	0
공격헬기(ATK)	240	104	0
수송헬기(TPT)	362	259	0
다기능헬기(MRH)	351	N/A	0
무인기(UAV)	N/A	0	0
공중방어(AD)	SAM 344	SAM 327	SAM 1,520
미사일 방어(MD)	N/A	N/A	ABM 68

단위: 대(탱크, 장갑차, 수송기~무인기), 문(야포, 다련장)
　　　기(지대지미사일 발사대), 발(공중방어, 미사일 방어)

출처: 《밀리터리 밸런스 2017》

유 미사일 수를 예상하는 데는 도움을 줄 수 있을 것으로 판단된다.

한편 미국 육군은 중국과 러시아 육군보다 화력적 측면에서 우위다. 미국 육군은 중국 육군보다 탱크 및 야포 수에서는 열세지만, 지대지미사일 발사대를 압도적으로 많이 보유하고 있다. 특히 미국이 보유하고 있는 450기의 대륙간탄도미사일 발사대는 중국62기, 러시아324기보다 우위를 점하고 있다. 또 미국은 헬기 보유에 있어서도 중국을 압도하고 있다. 러시아의 경우 육군은 헬기를 거의 보유하지 않은 것으로 《밀리터리 밸런스》는 전하고 있다.

미국은 미사일 방어에 있어서도 중국과 러시아를 압도하고 있는 것으로 분석된다. 물론 중국과 러시아의 미사일 방어 능력이 〈표 2-4〉에서 보여주는 것만큼 약하지는 않을 것으로 전망된다. 그럼에도 미국 육군은 40개의 사드 포대와 80개의 PAC-3 포대를 운용하고 있다.

일본보다 열세인 한국 해군력

한국 해군은 북한 해군에 비해 잠수함 전력은 수적으로 열세에 있으나, 대잠수함전을 수행하는 초계기와 헬기를 다수 보유하고 있다. 최근 북한은 잠수함발사탄도미사일SLBM 개발에 열을 올리고 있다. 잠수함발사탄도미사일 1발을 발사할 수 있는 재래식잠수함SSB 1척을 보유하고 있으며, 잠수함발사탄도미사일 2발을 발사할 수 있는 3000t급 잠수함 건조에 나선 것으로 분석된다. 또 북한은 2010년 천안함 사건에 등장한 디젤잠수함SSC도 32척 이상 보유하고 있다. 하지만 우리의 해군항공대는 대잠수함 초계기 16대와 대잠수함 헬기 27대를 보유하고 있어 북한 잠수함 침투에 대비하고 있다. 북한은 우리 잠수함을 견제할 수 있는 초계기를 보유하지 못하고 있다.

전투함 부문에서는 우리 해군이 북한을 압도할 수 있다고 판단된다. 북한 해군은 전투함 중에서 가장 작고 장착무기가 적은 프리깃함 2척만을 보유하고 있다. 하지만 우리 해군은 9척의 구축함을 운용하고 있다. 《밀리터리 밸런스》에 따르면 이지스 체계를 갖춘 세종대왕급KDD-III 순양함 3척과 충무공 이순신급KDD-II 구축함 6척을 운용하고 있다.

이 전함들은 함대함미사일하푼과 함대공미사일스패로 등으로 무장되어 있어 공격 및 방어 능력을 보유하고 있다. 우리 해군의 호위함프리깃 7척도 북한 호위함 2척보다 크기와 무장 수준에 있어서 월등하다.

다만 북한은 우리보다 연안전투함을 월등히 많이 보유하고 있다. 그러나 한국의 연안전투함은 35척이 함대지미사일로 무장돼 있지만 북한은 18척만이 함대지미사일을 장착하고 있어 실제 전투가 발생하면 우리 해군력이 더 우세할 것으로 보인다.

하지만 한국의 해군력은 일본에 비해 상당히 열세다. 〈표 2-5〉에

〈표 2-5〉 해군력 비교

구분	한국	북한	미국	중국	일본	러시아
병력(명)	4만 1,000	6만	32만 7,750	23만 5,000	4만 5,350	15만
잠수함	23	73	68	57	19	62
전략잠수함(SSBN)	N/A	N/A	14	4	N/A	13
전술잠수함(SSGN)	N/A	N/A	46	0	N/A	9
핵추진공격잠수함(SSN)	N/A	N/A	8	5	N/A	17
SLBM장착잠수함(SSB)	N/A	1	N/A	N/A	N/A	N/A
공격잠수함(SSK)	14	20	N/A	47	19	23
연안잠수함(SSC)	9	32 이상	N/A	N/A	N/A	N/A
잠수정(SSW)	N/A	20 이상	N/A	N/A	N/A	N/A
전투함	23	2	103	79	47	33
항공모함	N/A	N/A	CVN 10	CV 1	CVH 4	CV 1
순양함	CGHM 3	N/A	CGHM 23	0	CGHM 2	CGHMN 2 CGHM 3
구축함	DDGHM 6	N/A	DDGHM 34 DDGM 28	DDGHM 19 DDGM 2	DDGHM 26 DDGM 6 DDHM 1	DDGHM 14 DDGM 1
호위함	FFGHM 7 FFGM 7	FFG 2	FFHM 8	FFGHM 34 FFHM 4 기타 19	FFGHM 3 FFGM 6	FFGHM 8 FFGM 4
연안전투함	174	383 이상	57	207	6	95
소해함(기뢰제거)	10	24	11	41	27	45
수륙양용함(PAS)	2	N/A	31	4	0	N/A
상륙함(LS)	4	10	N/A	52	3	19
상륙함(LC)	41	257	245	84	8	28
지원함	8	23	22	180	21	269
해군항공대	N/A	N/A	N/A	30	N/A	N/A
폭격기	N/A	N/A	0	276	0	0
전투기	N/A	N/A	810	7	0	146
대잠수함 초계기(ASW)	16	N/A	110	14	75	44
조기경보기(AEW & C)	N/A	N/A	76	0	0	N/A
전자전기(EW)	N/A	N/A	117	60	0	헬기 8
수송기	5	N/A	68	44	28	48
대잠수함 헬기(ASW)	27	N/A	225	N/A	85	83
다기능헬기(MRH)	18	N/A	271	N/A	기뢰탐지 10	ATK 8
무인정찰기	N/A	N/A	90	N/A	N/A	N/A

단위: 척(잠수함~지원함), 대(해군항공대~무인정찰기)   출처: 《밀리터리 밸런스 2017》

서 보듯 일본 해상자위대는 우리 해군보다 적은 잠수함을 보유하고 있지만 공격용 잠수함SSK은 5대 더 보유하고 있다. 또 일본 해상자위대는 4척의 헬기항공모함CVH, 2척의 이지스 순양함, 4척의 이지스 구축함을 포함해 총 33척의 구축함을 운용하고 있다. 게다가 일본 해군항공대는 우리 해군보다 더 많은 대잠수함 초계기 75대와 대잠수함 헬기 85대를 보유하고 있어 타국의 잠수함 추적 능력이 강하다.

미국 해군력은 경쟁국인 중국과 러시아에 비해 압도적 우위를 보이고 있다. 미국이 운용하고 있는 잠수함은 모두 핵추진잠수함이며, 이 중 14척의 전략잠수함SSBN은 각각 최대 24기의 전략 잠수함발사탄도미사일트라이던트 D-5을 탑재하고 있다. 중국이 보유하고 있는 4척의 전략잠수함은 각각 최대 12기의 전략 잠수함발사탄도미사일 JL-2을 장착하고 있지만 그 최대 사거리는 미국의 전략 잠수함발사탄도미사일에 비해 짧다.

미국이 운용하고 있는 10척의 항공모함은 중국, 러시아가 보유하고 있는 항공모함보다 월등한 전투력을 가지고 있다. 기본적으로 미국 항공모함은 80여 대의 전투기를 탑재할 수 있어 30여 대의 전투기를 탑재할 수 있는 중국 항공모함에 비해 전투력 면에서 우세를 보인다.

전투함 분야에 있어서도 미국 해군은 경쟁국들을 압도하고 있다. 특히 미국이 보유하고 있는 23척의 순양함과 62척의 구축함은 모두 이지스 체계를 갖추고 있고 적의 미사일 공격에 대응할 수 있는 요격미사일SM-6을 탑재하고 있다. 최근 미국은 스텔스 기능을 갖춘 구축함 줌월트를 건조해 실전 배치했다.

북한보다 상대적 우위인 한국 공군력

한국의 공군 전투력은 북한보다 열세에 있다고 보기 어렵다. 물론 북한 공군은 우리 공군이 보유하고 있지 않은 폭격기 80대를 운용하고 있지만 매우 오래된 것이다. 전투기는 한국이 총 487대, 북한이 465대를 보유 중이다. 전투기 성능에서도 한국군이 우세한 것으로 판단된다. 북한이 보유한 전투기 중 Mig-29 18대와 Mig-23 56대이 그나마 최신 기종이지만 한국 공군이 운용하는 F-15 60대와 F-16 163대의 전투력에 미치지 못하는 것으로 알려져 있다. 게다가 우리 공군은 5세대 전투기인 F-35 40대를 도입할 예정이다. 특히 현격한 경제력 차이로 인해 한국 공군의 비행훈련 시간이 북한 공군보다 월등히 많다는 점에서 공군 전투력은 한국이 우세다.

일본 항공자위대는 4세대 전투기 중 최고의 성능을 자랑하는 F-15J를 201대 보유하고 있어 60대에 불과한 한국을 앞선다. 일본은 한국이 갖고 있지 못한 공중급유기 4대를 보유하고 있어 장거리 전투가 가능하다. 17대의 조기경보기로 주변국 군사적 움직임도 파악할 수 있다.

〈표 2-6〉 공군력 비교

구분	한국	북한	미국	중국	일본	러시아
병력(명)	6만 5,000	11만	31만 6,950	39만 8,000	4만 6,950	16만 5,000
폭격기(BBR)	0	80	139	120	0	139
전투기(FTR)	174	401 이상	265	819	201	210
지상공격기(FGA)	313	30	883	510 이상	146	323
지상공격기(ATK)	0	34	143	260	0	295
조기경보기(AEW & C)	4	0	31	10	17	18
공중급유기(TKR)	0	0	215	13	4	15
수송기	38	217 이상	350	331	59	429
구조헬기(CSAR)	N/A	MRH 80	75	MRH 22	SAR 36	ATK 340
수송헬기	N/A	206	62	31	15	338
무인정찰기	N/A	N/A	352	4 이상	0	N/A

단위: 대 　　　　　　　　　　　　　　　　　출처: 《밀리터리 밸런스 2017》

　　미국 공군은 세계 최강 폭격기로 인정받고 있는 스텔스 폭격기 81 대와 B-52H 폭격기 58대 등 총 139대의 폭격기를 보유하고 있다. 미국의 전투기 보유대수1,291대는 중국1,589대보다 적지만, 미국 전 투기 성능은 중국 전투기를 압도한다고 평가할 수 있다. 기본적으 로 미국 공군은 5세대 전투기 중 최고의 성능을 자랑하는 F-22 159 대를 보유하고 있으며, 4.5세대 전투기 중 최강으로 평가되는 F-35 102대를 보유하고 있다. 미국 공군은 중국 공군에 비해 압도적으로 많은 공중급유기215대 vs 13대를 보유하고 있어 장거리 폭격과 전투 가 가능하다.

북한에 못 미치는 사이버 전력

최근 갈수록 중요성이 커지고 있는 것이 사이버 전력이다. 사이버 전력에 있어서 남한은 북한에 열세를 보이고 있다. 북한은 우리에게 사이버 공격을 수시로 단행하고 있다.

2009년 7월 7일부터 3일간 총 61개국 435대 서버를 사용해 한국과 미국의 주요 기관 등 35개 사이트에 디도스DDoS 공격을 실시해 피해를 입힌 대표적인 사이버 테러 사건이 발생했다. 당시 동원된 IP 주소가 북한 체신청이 사용해온 IP임이 확인되어 북한의 소행으로 밝혀졌다.

또한 2011년 3월 3일부터 3일간 총 70개국 746대의 서버를 활용, 국내 주요 사이트 40개를 디도스 공격한 사건이 발생했다. 당시 디도스 공격 체계 및 악성코드 설계 방식, 통신 방식, 해외공격명령 서버 등이 2009년 사건과 동일한 점에 비춰 북한 소행으로 추정됐다.

그 외 농협 해킹 사건2011년 4월 12일, 국내 주요 방송사KBS, MBC, YTN와 금융회사신한은행, NH농협은행, 제주은행 전산망 마비 사건2013년 3월 20일, 청와대, 국무조정실, 새누리당, 연합뉴스, 조선일보, 대구일보, 매일신문 등의 홈페이지 해킹 사건2013년 6월 25일 등이 북한의 소행으로 확인된 바 있다.

특히 2013년 3월 일어난 금융회사 전산망 마비 사건은 총 3만 2,000여 대에 달하는 컴퓨터가 일제히 마비된 사상 초유의 정보보안 사고이다. 분석 결과 2012년 6월 28일부터 북한 내부 PC 최소한 6대가 1,590회 접속해 금융사에 악성코드를 유포하고 PC 저장 자료를 탈취한 사실이 확인되있으며, 북한 해커가 사용하고 있는 PC의 고유번호가 붙어 있는 악성코드도 18종이나 발견됐다.

북한은 6,000여 명의 사이버 전력을 보유하고 있다. 북한은 총참모부에는 지휘자동화국을, 각 군단들에는 전자전 연구소를 신설해 각종 사이버전 전략을 연구하고 있다. 이들은 남한의 GPS나 군사 통신 시스템을 교란하는 작업을 진행하고 있다.

북한은 사이버 테러를 위한 해커부대를 양성하고 있으며 한국팀, 미국·일본팀, 중국·러시아팀, 동남아팀 등으로 구성해 각 국가 동향과 군사 정보 파악, 전파 장애, 전파 교란, 감청, 사이트 암호 해독 등을 수행하고 있다. 게다가 외화벌이 과정에서 취득한 각종 자료를 이용하여 남한의 정부기관 및 주요 금융권 등의 전산망에 사이버 테러를 가하고 있다.

03

군사 역량 발목 잡는 낙후된
'국방 소프트웨어'

　우리 군이 갖추고 있는 전력은 북한의 핵·미사일 위협을 무력화하거나, 유사시 주변국들과 군사 충돌이 발생할 경우 충분한 억제력을 발휘할 수 있는 수준에는 이르지 못하고 있다. 더더욱 큰 문제는 소프트웨어적인 문제점들 때문에 있는 전력조차도 제대로 활용하기 힘든 상황이라는 점이다. 군에 대한 신뢰 부족과 안보 무임승차 의식이 대표적인 소프트웨어의 문제다.

　군의 방위 산업 비리가 지속적으로 발생하고 있고 각종 군 관련 사고 발생으로 우리 사회에서 군에 대한 국민들의 신뢰도는 낮다. 특히 군 장성들의 경우 현역과 예비역 간의 유착 관계가 매우 흔하고 인맥과 혈연, 지연까지 복잡하게 연계돼 있다 보니 정책 결정 과정에 의심의 시선이 존재한다. 동시에 비리 방지를 위한 투명성 강조로 인해 누구도 전력 증강을 위해 책임감을 갖고 임무를 진행하기 어려운 부작용도 발생하고 있다.

님비NIMBY 현상 확대에 따른 군 훈련장·사격장 부족 문제도 일차적으로 군에 대한 신뢰 부족에서 나오는 현상이다. 부대 이전, 무기 배치 과정에서 나타나는 중앙정부, 지방자치단체, 시민단체, 지역주민 간의 갈등은 심각한 수준이다. 어렵게 다양한 이해관계자들을 설득해도 문제는 여전히 남아 있다. 예를 들어 새로운 부지 확보의 경우 거쳐야 할 행정 제약이 크나큰 걸림돌이다. 전략영향환경평가, 문화재지정조사, 산림청 허가 등 대략 14개 법안의 처리 과정을 통과해야 부지 확보가 가능한 실정이다.

또 안보의 중요성은 강조하면서 정작 본인은 희생하려 하지 않는 안보 무임승차 의식도 개선돼야 한다. 우리 국민은 안보가 불안하다고 말하면서 안보 강화를 위한 비용 부담에는 인색하다. 국방연구원이 2016년 11월 일반 성인 1,000명을 대상으로 실시한 '국방비 평가 인식 조사'에 따르면 핵·미사일 위협에 대한 국방비 집행 방향과 관련해 '현 국방비 내에서 대비해야 한다'는 응답이 57.4%로 압도적이었다.

고질적인 국방 예산 부족도 문제다. 군 당국은 고도화되는 북한의 핵과 미사일 능력을 고려하면 향후 5년간 방위력 개선 사업의 비중 확대가 불가피하다는 입장이다. 하지만 재정 여건을 고려한다면 이러한 목표 달성이 쉽지 않다. 또한 대형 전력 증강 사업이 동시다발로 추진되다 보면 사업 우선순위 조정도 불가피해 당장 필요한 무기 체계를 구매하는 것이 기약 없이 미뤄질 수도 있다.

노무현 정부 당시 평균 8.8%에 달한 국방비 증가율은 이명박 정부 시절과 박근혜 정부를 거쳐 오는 동안 평균 5.3% 수준으로 떨어졌다. 2017년 국방 예산에서 전력 운영비는 28조 원으로 전년 대비 3.6% 늘었지만, 이와 같은 수준으로는 국방력의 실질적인 개선이 어렵다. 방위력 개선비12조 원도 전년 대비 4.8% 증액됐지만, 북한의 핵·미사일 위협을 차단하기에는 턱없이 부족하다.

국방 개혁 역시 지지부진하다. 노무현 정부 시절 제정된 국방개혁법에 따라 2020년 끝나야 했던 프로젝트가 2030년까지 연기된 상황이다.

성공적인 국방 개혁을 위해서는 최고 지도자의 강력한 의지와 안보에 대한 철학이 밑바탕이 돼야 한다. 현 5년 단임제 아래에서 국방개혁은 대통령 임기 초반 강력한 의지를 바탕으로 밀고 나가야 하며 국회의 협조를 얻을 수 있도록 철저한 사전 준비가 필요하다.

국방 개혁이 잘 이뤄지기 위해서는 목표가 너무 많고 모호해서는 안 된다. 선택과 집중이 필수적이다. 우리 군이 추진해온 국방 개혁은 지나치게 많은 과제를 다루다 보니 개혁 과제와 일반 업무가 구분이 되지 않는 경우가 많았고 개혁 예산을 별도로 편성하는 것도 쉽지 않았다.

국방 개혁은 그 의도가 아무리 선하다 해도 국내 정치에 있어서 다양한 이해관계를 갖는 집단들의 선호장애Preference Obstacle를 피해가기 어렵다. 따라서 국방 정책 결정 과정에서 대통령은 보다 강력한 추진 의지를 갖고 국회의 협조와 여론의 공감대를 이끌어나가는 데 주력해야 한다.

군도 4차 산업혁명의 도래에서 예외일 수는 없다. 군사 역량 강화를 위해서는 혁신과 창의력이 필요하지만, 우리 군이 과연 그러한지는 의문이다.

군은 어떠한 민간조직도 누릴 수 없는 강력한 이점을 가지고 있다. 명령의 일관성, 엄격한 조직, 인력과 자원을 징발할 수 있는 능력, 애국심과 희생정신이다. 하지만 시대에 맞지 않는 문화도 있다. 다양한 정책 건의보다는 지침 수행에 전념하는 문화가 그것이다. '국방장관-각 군 총장-예하 부대장'의 '일방향' 명령 체계에 익숙하고 거기에 안주하고 있는 것이다. 이런 군사문화는 4차 산업혁명의 시대에 혁신과 창의력을 이끌어내기에는 장애물로 자리 잡고 있다.

박근혜 정부는 취임 초기부터 창조국방을 새로운 기치로 내걸었지만 일하는 방식과 의사교환, 새로운 아이디어에 대한 적용 여부는 여전히 만족할만한 수준에 근접하지 못하고 있다. 창조국방을 구현하기 위한 시스템 변화가 자칫 교각살우가 될 수 있다는 두려움 때문이다.

조직 밖의 사람들과 새로운 아이디어를 교환하는 것을 장려하지 않는 문화도 바뀌지 않고 있다. 부서 간의 장벽마저도 너무 높아 자신이 하는 일에 열중할 뿐 전체를 보는 눈을 갖기 힘들도록 짜여 있다. 고도로 구조화된 조직에서 엄격한 관리감독 아래 일해온 인원들에게 창의성을 요구하는 것은 어쩌면 불가능한 것일지 모른다. '생각할 수 없는 일에 대한 생각'을 가능하게 하도록 부서 간 칸막이를 걷고 외부와의 접촉도 과감하게 확대해야 한다.

한반도 생존의 길

세계 11위 경제대국의
초라한 외교 현실

01

외교 전략의 정치성과
국론 분열

"미국에 대한 가장 큰 위협은 해외로부터가 아니라 국내로부터 온다." 미국 외교협회 회장 리처드 하스Richard N. Haass는 2013년 펴낸 저서 《대외 정책은 국내에서 시작한다Foreign Policy Begins at Home》에서 이같이 지적했다.

국가 안보와 번영의 가장 큰 위협이 외부가 아닌 내부에서 비롯된다는 하스의 지적은 한국에도 적용된다. 외교 전략은 정치적 다툼으로 인해 흔들리고, 국론이 분열되고 있다.

외교 전략의 정치성은 보다 전략적이고 체계적인 외교 업무 수행에 장애를 초래하고 있다. 남북이 분단되고 전쟁을 겪은 역사적 사실로 인해, 그리고 끊임없이 반복되는 북한의 도발과 멈추지 않고 추진되는 북한의 핵 개발에 따른 문제로 국내 정치세력 간 갈등이 심화된 지 오래다. 이러한 갈등은 비단 국내 정치나 남북 관계에만 영향을 미치는 것이 아니라, 외교 정책 전반에 파급 효과를 미치고 있다. 또한 대통령 선거 과정에서 표를 의식한 외교 정책 발언이 나오게 되고, 그 발언이 곧 당선자의 그리고 대통령의 외교 전략으로 굳어지는 관행으로 인해 외교 전략이나 정책에 정치적 색채가 더해져왔다.

돌이켜보면 외교 전략의 정치성 문제와 관련하여 적지 않은 사례를 찾을 수 있다. 노무현 정부 출범 이래 '미선이 효순이 사건'으로 인한 반미 감정이 팽배했고, 이는 대통령 선거 과정에서 '미국에 좀 반대해도 어떠냐'는 발언으로 이어졌다.

참여정부 출범 이후 우리 정부는 외교 전략을 수립함에 있어 미국에 대한 의존도를 탈피하는 데 많은 노력을 기울였다. 그러나 당시 우리의 외교력이나 주변 정세로 인해 오히려 미국과의 관계 개선에 많은 외교적 자산을 사용하게 됐다. 미국의 '테러와의 전쟁' 전개에 따른 이라크 파병, 그리고 한미 간 필요에 의한 FTA 합의 등으로 인해 속칭 '좌측 신호등 켜고 우회전 한다'는 식의 일관성 없는 대외 정책 전개를 비판받게 됐다.

이명박 정부의 외교 전략은 노무현 정부와는 정반대로 흘렀다. 이명박 대통령은 선거 기간 중 노무현 정부의 대외 정책을 비판하며 '글로벌 코리아'를 내세웠다. 그 핵심에는 노무현 정부 기간 중 어려움을 겪었다고 평가되는 한미 동맹의 복원, 그리고 '비핵 개방 3000'으로 대표되는 남북 관계에 있어서의 원칙 정립이 자리 잡고 있었다. 그러나 정권 내내 야당으로부터 친미 논쟁이 제기되었고 중국과의 관계 설정에도 애를 먹었다. 특히 남북 대화 단절로 인한 천안함 폭침이나 연평도 포격 도발 등 남북 간 군사적 긴장 문제가 불거지면서 야당으로부터 적지 않은 비난을 받았다.

박근혜 정부는 이러한 노무현 정부와 이명박 정부의 교훈을 바탕으로 중도적인 대외 정책을 선거 기간 중 약속했다. 대통령 선거 기간 중 제시한 한반도 신뢰 프로세스는 남북 관계를 개선하기 위한 대화를 해나가면서도 북한의 도발과 핵 문제는 적극적으로 대응하겠다는 내용으로 사실상 중도적 입장을 취한 것이었다. 그러나 실제 전략의 수립 이후 그 이행 단계에서는 북한의 3, 4, 5차 핵실험 때문인지 대북 압박만이 부각되었고, 그 결과 한반도 신뢰 프로세스는 수면 아래로 가라앉았다.

대통령 선거 기간 중 후보자의 언급을 당선 후 전략과 정책으로 수립하는 과정은 두 가지 측면에서 부정적 현상을 낳는다. 첫째, 선거 기간 중 반대편에 서 있던 사람들의 반대다. 자기 진영의 표를 의식해서 만든 공약은 반대 진영의 감정적 반대가 따르기 마련이다. 그 결과 국가의 존망이 걸려 있는 외교안보 정책에 관한 국론을 하나로 모으지 못하는 결과를 초래하고 있다.

둘째, 충분한 고민과 숙성의 과정을 거치지 않은 졸속 정책이 종종 등장하게 된다. 노무현 정부의 동북아 중심 국가 주장과 동북아 위원회, 이명박 정부의 신아세안 외교, 박근혜 정부의 유라시아 이니셔티브 등과 같이 우리의 역량과 주변국의 입장에 대한 고려, 그리고 충분한 이행 계획이 없는 정책들이 발표되고 또 임기 내 홍보된다. 그러나 그 결과는 항상 정부 임기가 끝나면 비극적으로 사라지거나 사라질 운명에 처하게 된다.

외교 전략의 정치성이 가져오는 가장 큰 부작용은 국론 분열이다. 우리의 목표를 달성하기 위한 외교 전략을 개발하고 이를 안정적으로 추진하기 위해서는 국론 통합이 전제돼야 한다는 것은 주지의 사실이나, 한국의 현실은 정반대다. 정권마다 바뀌는 외교 정책, 51%만 지지하는 외교 정책, 선거 기간에만 활용되는 외교 정책이 반복되면서 국론 분열이 극심하다.

최근의 사드 배치와 관련해 촉발된 논란에서 지켜본 대로, 정부는 물론이고 국론을 통합해야 할 의무가 있는 정치권이 협치보다는 편 가르기에 몰두하면서 국내 진보와 보수 양 진영 간의 입장 차이는 좀처럼 좁혀지지 않고 있다. 개성공단을 둘러싼 국민 여론은 이 같은 상황을 여실히 보여준다. 〈매일경제〉와 리얼미터가 2017년 2월 14~16일 전국 성인 남녀 1,004명을 대상으로 실시한 '한국의 외교 안보·통일에 대한 국민인식 조사' 결과에 따르면 박근혜 정부가 가장 잘한 대북 정책 1위가 개성공단 폐쇄33.5%였고, 가장 잘못한 대북 정책 1위 또한 개성공단 폐쇄40.8%였다.

02

지경학적 접근 등
대안 부재

　북핵 문제를 해결하고 통일을 위한 우호적 국제 환경을 조성하기 위한 한국 정부의 대외 전략은 크게 세 가지로 나눌 수 있다. 첫째는 남북 관계 회복 집중 전략이다. 미국과 중국이 산적한 국내 문제 해결에 여념이 없는 지금이 우리로서는 주도적 남북 관계 회복의 적기라는 주장이다. 둘째는 중견국 외교 전략이다. 우리는 세계 11위의 경제력을 갖춘 만큼 국제사회에서 어느 정도의 위상을 가지고 있으므로 미·중 간, 일·중 간 잠재적 갈등의 적극적 조정자 역할을 함으로써 국익을 극대화할 수 있다는 주장이다. 셋째는 정경분리 전략이다. 안보 면에서 한·미·일 공조를 더욱 강화하면서 중국·러시아와는 경제동맹 수준의 경제 협력을 통해 양자 간 신뢰를 확보하고 대북 문제에서 지지도 얻겠다는 전략이다.

　결과적으로 이 전략들은 모두 실패했다. 남북 관계 회복 집중 전략은 북한의 4차 핵실험 이후 명분과 현실성을 상실했고, 최근 상황은 중견국 외교 전략과 관련해 한국이 과연 동북아시아의 중재자로서 능력을 갖고 있는지 의구심을 자아내고 있다. 북핵 문제 해결 부담 역시 중재자 역할에 큰 한계가 되고 있다. 정경분리 전략 또한 최근 사드 논란에서 보듯 정치적 플랫폼 없는 경제 협력은 한계를 보일 수밖에 없다는 점이 여실히 드러났다.

경제를 통해 지정학적 문제를 풀어보자는 '지경학地經學'의 유효성은 이처럼 한국 정부의 대외 전략이 한계에 부딪힌 상황에서, '제4의 길'을 제시해줄 수 있다는 가능성에서 나온다. 정경분리를 기반으로 중국과 러시아를 포함한 다자 플랫폼을 만들어낼 경우 한국이 처해 있는 외교적 어려움을 극복하거나 완화할 길이 열릴 수 있다. 지정학적 이익이 있다면 일정 수준의 경제적 타당성 감소는 감내할 수 있다는 원칙을 세운다면 지경학 활용은 더욱 확대될 수 있다.

박근혜 정부는 유라시아 이니셔티브 등의 지경학 프로그램을 시도했으나 성과는 기대에 못 미쳤다. 일단 국제적 환경이 우호적이지 않았다. 북한의 4, 5차 핵실험이 있었고 우크라이나 사태 이후 미국과 러시아 관계가 냉각되면서 한국의 대러시아 외교 입지도 좁아졌다. 사드 배치 문제로 중국과의 관계 또한 제동이 걸렸다. 여기에 전략을 통해 달성하려는 전략목표와 정책 이행을 위한 세부 전략과제 간의 체계적 조율이 이뤄지지 않는 등 정책 프레임워크가 부실했고, 민간의 자발적 참여도 부족했다.

가장 본질적인 원인은 정권 차원의 의지 부족이었다. 중국, 러시아 등과 많은 지경학적 의제 개발이 가능한 상황임에도 최종 목표라고 할 수 있는 북한 핵 문제 해결을 오히려 지경학 프로젝트의 전제조건으로 내세우면서 추진상 한계에 봉착하고 말았다.

박근혜 정부의 동북아 평화협력 구상과 유라시아 이니셔티브의 미흡한 성과도 이에 기인한다. 북한과 연관되는 대륙 프로젝트의 경우 북핵 해결이 사전 조건이 되면서 의제화되지 못하거나 의제화되더라도 실제 집행이 이루어지지 못하고 있다. 동북아개발은행이 추진되지 못한 것은 전자의 예이고 나진·하산 프로젝트 무기 연기는 후자의 대표적인 예가 될 수 있을 것이다.

의미 있는 지경학 프로젝트가 의제화되더라도 재원이 부족해 추진이 어렵다는 것도 지경학적 접근의 어려움을 가중시키고 있다. 동북아 또는 유라시아 지경학 프로젝트의 경우 인프라 사업이 많은 것이 특징이다.

한국의 경우 아시아개발은행ADB과 아시아인프라투자은행AIIB에 가입하고 있으나 한국이 주도하기에는 어려움이 많다. 특히 아시아인프라투자은행에 미국과 일본이 참여하고 있지 않아 지경학 프로젝트에서 미국, 일본의 지지와 협력을 얻기 어려운 것도 우리의 한계다. 다자주의 플랫폼 부족 역시 극복해야 한다. 유라시아 이니셔티브의 경우 러시아와 중앙아시아 등 관련국이 모두 모일 수 있는 다자주의 플랫폼이 없어 긴밀한 협의가 어려웠던 점이 실패의 주원인이었다.

최근 국제 정세 변화는 안보 문제에 대한 지경학적 접근을 더 어렵게 만들고 있다. 우선 사드 배치 결정 이후 중국과의 관계 악화가 심화되고 있다. '일대일로'를 통해 유라시아 통합을 앞장서서 이끌고 있는 중국과의 관계 악화는 대륙에서의 양국 경제 협력의 큰 장애 요인이 된다. 부산 소녀상 설치 문제로 인한 한일 관계 악화도 문제다. 대륙 진출에 많은 관심을 갖고 있는 일본과 협력할 경우 유라시아 대륙에서 다양한 지경학 프로젝트를 추진할 수 있을 것이나, 양국 관계가 과거사 문제에 발목이 잡히면서 기회 요인을 살리기 힘들어졌다.

또 다른 문제는 유라시아 대륙에 반미적 경제질서가 형성될 가능성이 높아지고 있다는 점이다. 지금까지 중국이 주도하는 SCO상하이협력기구와 러시아가 주도하는 EAEU유라시아경제연합가 중앙아시아의 패권을 놓고 경쟁 구도를 형성해왔지만, 현재 중·러 양국은 두 기구를 통합해 서로 협력하는 것이 미국을 견제하면서 독립된 경제체제를 확립하는 데 효과적일 것이라는 데 의견을 모아가고 있다.

2016년 5월 블라디미르 푸틴 러시아 대통령과 시진핑 중국 국가주석이 EAEU와 일대일로의 공동경제공간 추진을 합의한 것이 대표적인 예다. 같은 해 6월 상트페테르부르크 경제포럼에서 푸틴 대통령이 선언한 '대유라시아 파트너십'에 인도, 파키스탄, 이란이 포함되고 같은 달 SCO 정상회담에서 인도, 파키스탄이 가입 절차를 시작한 것은 유라시아에 러시아와 중국 주도의 반미 경제질서가 형성될 가능성을 보여주는 것이다.

지경학 활용에 장애 요인만 있는 것은 아니다. 기회 요인도 있다. 우선 마이클 플린 전 미국 국가안보보좌관 조기 경질 등의 악재에도 불구하고 도널드 트럼프 미국 대통령 임기 중 미국과 러시아 관계가 개선될 가능성은 여전하다.

시리아와 우크라이나 문제로 인해 중동과 동유럽에서의 미·러 관계 개선은 사실상 어려울 것이며 트럼프의 러시아 포용외교가 가능한 곳은 아시아다. 북핵 문제를 포함해서 아시아 정책의 다각화를 추진하는 러시아와 지정학적·지경학적 협력이 가능함을 우리 정부도 주목해야 한다.

미·러 관계 개선 여부와 더불어 관심을 기울여야 할 부분은 인도, 파키스탄, 이란, 동남아시아의 유라시아 통합 참여다. 나렌드라 모디 인도 총리가 '룩 이스트Look East'에서 '액트 이스트Act East'로 새롭게 명명한 동방 정책은 반미적 주권민주주의 가치를 공유하는 중국·러시아에 대항할 힘을 가진 민주화된 인도의 유라시아 통합 참여를 의미한다.

이는 유라시아 통합의 반미적 성격을 감소시킬 뿐만 아니라 양국의 유라시아 통합 참여의 새로운 통로를 제공할 것이다. 또한 한국의 생산 거점인 동남아시아의 유라시아 통합 참여는 한미 동맹에 기초한 한국의 대유라시아 우회 입구가 될 수 있을 것이다.

지경학 활용은 저성장이 고착화되고 있는 한국 경제의 재도약을 위해서도 필요하다. 급속한 고령화와 이로 인한 복지수요 급증, 심각한 청년실업 등의 문제로 잠재성장률이 3% 미만으로 떨어진 한국으로서는 대륙에서의 새로운 성장 동력 확보가 시급하다.

　대륙에서 신시장을 개척하고 물류와 에너지망을 연결하는 등 새로운 성장 엔진 발굴이 필요하지만 구소련 국가와의 교역 비중이 2%대에 불과하고 수출 물류의 대륙철도 비중은 1%대에 그치고 있으며 러시아로부터의 에너지 수입 비중은 10%가 채 되지 않는다. 이 같은 현재 상황은 역설적으로 지경학적 접근의 잠재력을 보여주고 있다.

03

외교 전략과
현실의 괴리

우리 외교에서 흔히 들을 수 있는 이야기가 '주도'다. 우리가 중심에 서서 우리의 의도대로 어떠한 외교적 행위를 하겠다는 의미다. '주도'가 한국 외교에서 이처럼 자주 사용되는 이유는 그만큼 우리의 외교가 과거 강대국에 종속돼 있었다는 자조적 인식이 자리 잡고 있기 때문이다.

실제로 냉전기 한국 외교는 미국의 의사를 따르거나 지지해주면 그만인 경우가 대부분인 상황이었다. 그 결과 탈냉전기, 그리고 한국의 경제적 성장 이후 우리 외교에서는 '주도'라는 표현이 자주 등장하며, 우리도 이제 우리의 힘에 걸맞은 무언가를 해야 한다는 의무감과 자신감이 팽배해 있다. 사실 바람직한 현상이고 우리 외교가 반드시 지향해야 하는 바다.

그러나 우리가 외교에서 '주도'를 강조하기에는 크게 두 가지 문제가 있다. 그것은 우리에게 해당 사안을 주도할 수 있는 역량이 있느냐 하는 것과 그 사안을 주도하기 위해 우리의 역량을 사용하겠다는 희생정신이 있는가의 문제다. 역량이 없는데 주도하고자 한다면 관련국의 반대로 무시만 당할 뿐이다. 그리고 실제 무언가를 주도하기 위해 우리의 역량, 즉 사람과 자금을 투여할 경우 이를 아깝게 생각하지 않아야 한다. 그러나 과거를 돌이켜 보면 과연 그러했는가 반성이 필요하다.

노무현 정부 당시의 동북아 중심 국가 노력은 주변국의 반대로 제대로 발휘되지 못했다. 미·중 관계에서 뿌리 깊게 존재하는 경쟁의 측면을 깊이 이해하지 못했고, 북한의 위협이 지속되는 한 한미 동맹에 대한 의존적 상황에서 벗어나기 어려운 우리 국력의 한계를 직면하게 된 것이다.

물론 전시작전통제권 전환이나 주한미군 기지 이전 사업을 통해 보다 자주적인 군사력 운용을 위해 나아갔지만, 북한 위협을 고려해서 임기가 끝나고도 5년이나 더 소요되는 기간으로 전작권 전환 시점을 상정해 결국 다음 정부의 정치적 판단에 맡겨버렸다. 그 결과 전작권 전환은 이명박 정부와 박근혜 정부를 거치며 이제는 2030년으로 하염없이 미뤄진 상황이다.

강대국 간의 팽팽한 힘의 대결이 이루어지고 있는 동북아를 떠나 다른 지역과의 협력을 주도해보겠다는 시도는 매우 바람직한 것으로 평가한다. 이명박 정부의 신아세안 정책 추진이나 박근혜 정부의 유라시아 이니셔티브가 그러한 노력의 일부이고 실제로 우리의 노력 여하에 따라 협력의 주도권을 발휘할 수도 있는 지역이다. 그러나 신아세안 정책도, 유라시아 이니셔티브도 구체적인 성과를 거두지 못했다. 그 이유 중 하나는 우리가 인력과 자본을 희생하면서 이 지역에서의 협력을 주도할 필요가 있는가에 대한 고민, 좀 더 쉽게 표현하면, 이들 지역과의 협력을 위해 희생을 할 각오가 없었던 것이다.

주도적인 외교를 위해서는 희생이 필요하다. 외교에서 희생은 외교 자산의 투자다. 이것을 아끼면서 주도를 하겠다는 것은 말로만 나서겠다는 것이다. 우리의 사활적 이익이 걸려 있는 동북아가 아닌 다른 지역에 우리 외교 자산의 상당 부분을 투자하는 것은 쉽지 않은 일이고, 충분한 검토가 필요한 일이다.

전략과 현실의 차이가 가장 극명하게 나타나는 영역이 바로 북한 핵 문제다. 우리에게 가장 큰 안보 위협인 관계로 모든 정부의 가장 중요한 외교 전략은 북핵 문제의 주도적 해결에 방점이 있었다.

그러나 현실은 북한의 막무가내식 핵 개발에 대해 미국과 중국의 협조를 구하는 수준의 대응이며, 미국과 중국 간 타협의 산물을 이행하고 있는 수준이라고 해도 과언이 아니다. 그나마 북한을 압박하기 위한 중국과의 협력은 한계에 봉착했고, 오히려 북한 위협에 대응하기 위한 사드 배치 문제로 중국으로부터 경제적 압박을 받는 상황에 이르렀다.

현실적으로 북한 핵 문제는 남북 간의 문제뿐만 아니라 미·중 간 동아시아 전략의 충돌이라는 더 큰 맥락에서 함께 보아야 한다. 따라서 주도적인 해결 방식을 추구하는 것으로 핵 문제를 해결하기는 어렵고, 의견을 달리하는 세력을 설득할 수 있는 아이디어와 노력이 곁들여져야 한다.

04

취약한 외교 인프라와
정부의 부처 이기주의

한국 외교의 문제점으로 취약한 외교 인프라 또한 빼놓을 수 없다. 세계 10위권의 국가 역량을 지닌 한국은 꾸준히 외교 역량 강화를 위한 인프라에 관심을 기울여왔다.

박근혜 정부 들어서도 외교 예산을 2~4%씩 늘려왔고, 2017년 예산 규모는 2조 2,230억 원에 이른다. 외교부 조직 또한 증강되어 공공외교, 재외국민 보호 등과 관련한 새로운 조직들이 만들어졌다. 현재 외교부 본부와 114개의 상주 대사관, 44개의 (총)영사관, 그리고 5개의 대표부를 고려한다면 외형적으로는 중견국으로서의 모습을 갖추고 있다.

그러나 한국의 외교 인프라는 아직도 많이 부족한 상황이다. 무엇보다도 외교 인력의 수가 부족하다.

2015년을 기준으로 한국의 외교관 수는 2,520명 수준이다. 이

〈표 3-1〉 한국과 중견국 및 주요국 외교 인프라 비교

	중견국과의 비교(2013년)				한국 (2015년)
	네덜란드	스페인	캐나다	이탈리아	
외교 인력 (명, 주재관 포함)	3,164	2,743	7,200	5,383	2,520
외교 공관 수 (개, 분관·출장소 포함)	148	223	196	229	179
대외 경제 의존도 (%, GNI 기준)	160	47.1	53	47	99.5
인구(만 명)	1,700	4,700	3,500	4,700	5,000
GDP(억 달러)	8,500	1조 3,900	1조 8,300	2조 1,500	1조 4,100
외교 예산(억 달러)	120	22	28	24	17

	주요국과의 비교(2013년)						한국 (2015년)
	미국	프랑스	일본	독일	영국	중국	
외교 인력 (명, 주재관 포함)	2만 4,574	1만 898	5,763	7,950	4,682	8,000	2,520
외교 공관 수 (개, 분관·출장소 포함)	275	281	226	226	267	256	179
대외 경제 의존도 (%, GNI 기준)	23	43.4	30.2	66.6	47	45.2	99.5
인구(만 명)	3억 1,700	6,500	1억 2,700	8,100	6,500	13억 3,700	5,000
GDP(억 달러)	16조 7,700	2조 8,100	4조 9,200	3조 7,300	2조 4,300	9조 2,400	1조 4,100
외교 예산(억 달러)	582	63	50	45	31	16	17

출처: 외교부

는 한국의 주변국인 미국의 2만 4,574명, 중국의 8,000명, 일본의 5,763명은 물론이고 국제사회에서 한국과 유사한 국력을 가졌다고 볼 수 있는 네덜란드의 3,164명, 이탈리아의 5,383명에 비해도 많이 부족한 실정이다.

그 결과 조직 운용 측면에서 반복되는 야근으로 업무 효율은 떨어지고, 전략 수립이나 외교관의 질적 향상을 위한 보수 교육 및 훈련의 기회를 만들지 못하고 있다. 〈표 3-1〉은 주요국들의 외교 인프라를 보여주고 있다.

외교 인력은 부족하고 공관 수만 확보된 결과가 5인 공관, 3인 공관의 양산이다. 한국 외교 공관의 70%는 5인 공관이며, 그중 20%는 3인 공관이다.

3인 공관의 경우 대사를 제외하면 실질적으로 일할 수 있는 인력은 2명에 불과한 실정으로 정무, 경제, 의회, 영사 등 다양한 업무를 처리할 여력이 없다. 그 결과가 외교 서비스의 질 저하이며, 세계화와 정보화의 결과 외교 문제에 대한 눈높이가 높아진 국민들을 만족시키기 어려워졌다.

우리 외교의 또 하나의 문제는 부처 간에 충분한 협의가 신속히 이루어지지 못한다는 점이다. 외교를 수행함에 있어 비용이 수반되는 문제는 경제부처와의 협력을 필요로 한다.

때로는 업무를 추진할 새로운 조직을 만들어야 하고, 이 경우에는 행정자치부와의 협력이 필수적이다. 그러나 이 과정이 너무도 오래 걸리고 또한 다른 부처 나름의 입장으로 인해 외교적 실패를 겪는 상황이 있다.

대표적인 상황이 TPP 가입 문제다. 트럼프 행정부의 탄생과 TPP에 대한 서명 거부로 인해 발효가 되지 못한 상황이나, 만일 그렇지

갈팡질팡 길 못 찾는 외교

않았을 경우 한국 경제에 미칠 악영향은 적지 않았을 것이다.

　그렇다면 한국은 왜 TPP에 가입하지 않았는가? 한국은 TPP 서명국 대부분과 양자 FTA를 체결했기 때문에 별다른 필요성을 느끼지 않았다는 견해부터, 외교 기능에서 통상 기능을 분리하고 통상 기능을 각 산업체의 이익과 관계있는 산업통상자원부에 맡긴 것이 주원인이라는 견해까지 다양한 주장이 제기되는 실정이다. 그러나 중요하고 분명한 것은 TPP 참여 지연 및 불참 과정에서 정부 간 의견 조율이 충분히 이루어지지 못했다는 것이다.

정부는 뒤늦게나마 TPP 가입을 결정하고, 미국에 TPP 참여 의사를 표명했다. 하지만 우리에게 돌아온 미국의 답변은 일단 TPP 출범 후에 추가 협상으로 가입하라는 것이었다. 추가 협상의 경우 TPP 회원국의 다양한 요구사항을 충족해야 하는 문제가 있어 더욱 불리한 상황이 될 수밖에 없다. 결국 정부 간 신속한 의견 조율이 이루어지지 못해 우리 경제외교에 커다란 장애를 초래할 상황을 맞을 수 있었던 것이다.

사드 배치와 관련해 외교부와 국방부 간의 정책 조율도 얼마나 잘 이루어진 것인지 의심스럽다. 북한의 핵실험이 이루어지기 전인 2015년까지 한국 정부는 미국에 요구받은 것 없고No Request, 협의한 것 없고No Consultation, 결정한 것 없다No Decision는 '3 No' 원칙을 견지해왔다. 이 말을 그대로 믿는다고 해도 외교·국방당국 간의 긴밀한 소통을 통해 외교당국이나 국방당국이 공통으로 사드의 효용성과 필요성, 그리고 레이더 전자파 등에 의한 피해 문제 등을 검토했어야 한다.

그러나 사드 발표 초기부터 제기된 다양한 문제들에 대해 양 부처가 일관되고 효율적으로 대처했는지 의문스럽다. 그 결과 사드는 한국 안보에 전혀 도움이 안 된다는 식의 괴담으로 발전하여 널리 퍼지게 된 것이다.

이 같은 일이 반복되지 않게 만들기 위한 첫걸음은 자기 조직의 이익을 우선하는, 특히 사고가 발생해 책임을 지면 안 된다는 우리의 행정문화가 외교 정책의 추진에 많은 악영향을 미치고 있음을 인식하는 것이다. 이후 보다 신속한 의사소통과 의견 수렴, 그리고 의사결정이 이루어질 수 있는 시스템을 만들어가야 할 것이다.

한반도 생존의 길

비전도 전략도 없는
대북 정책

01

북한에 대한
극단적 인식 차이

    대북·통일 정책에 관한 입장 차이는 북한을 바라보는 입장이 극단적으로 갈리기 때문에 생긴다. 북한을 보는 관점이 다르니 정책적으로도 차이가 크다. 북한에 대한 견해는 크게 세 가지로 나뉜다. 첫 번째가 북한을 형제 나라로 보는 관점이다. 이는 민족주의적 시각에 근거하며, 수천 년간 문화를 공유해온 피를 나눈 동포라는 생각을 포함한다. 두 번째가 북한을 적으로 보는 관점이다. 6·25 전쟁을 거치며 형성된 관점으로, 북한의 국지도발 등으로 인해 적대감이 강화된 영향이 있다. 최근 북한의 핵실험과 각종 미사일 실험으로 인해 북한과의 공존은 불가능하고 정권의 제거나 교체만이 해법이라는 의견이 늘었다. 세 번째가 북한을 형제도 적도 아닌 이웃으로 보는 시각이다. 유대감과 적대감을 모두 배제하고, 일본이나 중국처럼 대하자는 주장이다.

세 가지 대북관 모두 장단점이 있다. 북한을 형제로 보는 관점은 통일의 당위성과 필요성을 주장할 때 효과적이다. 반면 같은 민족이라는 이유만으로 북한의 실체를 보지 못하고 감상적으로만 접근할 우려도 있다. 북한 정권의 악행을 모른 척하거나 크지 않게 평가하는 경향을 보이기도 한다. 북한을 적으로 보는 관점은 실재하는 위협을 객관적으로 평가하고 실질적인 대비책을 갖출 수 있다는 장점이 있다. 그러나 이 관점이 지나치면 군사적 긴장감을 높이고, 대화 가능성을 고려하지 않아 남북 관계 개선을 저해할 우려가 있다. 북한을 이웃으로 보는 관점은 감정적 접근을 줄이고 이해타산을 고려한 전략적인 대북 정책 추진을 가능하게 한다. 그러나 북한을 동포로 보는 시각을 가진 사람들을 이해하지 못할 우려가 있고, 북 위협이 대화만으로도 해결 가능하다는 잘못된 관점을 취할 수도 있다.

세 가지 대북관 모두가 장단점을 갖고 있기에, 어느 하나에 매몰되면 해당 시각의 단점만 드러날 우려가 있다. 세 대북관을 모두 고려해 다른 대북관의 장점을 수용하려는 노력이 필요하다. 또한 북한 정권과 주민을 분리해서 분석할 때는 세 가지 관점이 북한에 대한 포괄적인 이해를 제공하기 때문에 다른 관점도 배타적으로 보기보다는 수용하는 태도를 가져야 한다.

02

5년마다 뒤집히는
대북 정책

북한을 바라보는 관점이 다양한 것도 대북 정책 혼선의 원인이지만 그보다는 대북 정책의 일관성이 떨어지는 점이 더 문제다. 큰 정책 방향을 정하면 정권이 바뀌더라도 이를 유지해야 하지만, 우리나라는 정권이 바뀔 때마다 대북 정책의 방향을 흔드는 우를 범하고 있다. 남북 관계 개선이나 통일 관련 정책은 장기간 추진해야만 효과를 볼 수 있기에 정책의 일관성이 매우 중요하다.

현재 우리나라의 대북 정책은 일관성을 유지하지 못할 뿐만 아니라 정권이 바뀔 때마다 급격하게 흔들리고 있다. 큰 틀은 유지하고 미세 수정에 들어가는 게 아니라 방향을 180도 전환하기도 했다. 대북 정책의 일관성이 떨어진 결과, 정부 부처 사이에서도 일관적인 대북 정책 이해를 보이지 못하거나 서로 조율이 어려워 막대한 지장을 초래하기도 한다.

또한 대북 정책의 일관성이 유지되지 않으면 대북 정책 실패 시 더 큰 책임을 떠안을 위험도 있다. 북한이 이를 핑계 삼아 도발을 감행하거나 책임을 회피할 수 있으며, 주변국들도 대북 정책 실패의 원인으로 우리나라를 지목할 우려가 있다.

대북 정책이 흔들리는 주요한 원인 하나는 남북 관계와 통일 문제를 정쟁에 이용하는 관행이다. 국익을 위해 필요한 정책도 문제 삼으며 과도한 비난을 일삼는다.

경제·복지 정책과 달리 대북·통일 정책은 그 효과가 단기간에 나타나지 않는다. 미래의 안전한 대한민국을 위한 투자인 셈이다. 그러나 효과가 단기간에 나타나지 않기에 포퓰리즘적 비판의 대상이 되며, 정치적 공격에 악용되기 쉽다.

정쟁의 빌미가 되더라도 대북·통일에 관한 투자는 계속돼야 한다. 북한이 핵실험, 미사일 발사 등 도발을 감행해도 이를 방치하면 미래에 더 큰 비용이 발생할 수 있기 때문이다. 퍼주기식 투자가 아니라 필요한 선에서 합리적인 결정을 내려야 한다. 야당도 당리당략만을 위한 반대를 멈추고, 필요한 경우 정부의 대북·통일 정책에 지지를 표해야 한다.

물론 우리나라의 대북 정책이 효과를 발휘하지 못하는 데는 외부의 제약도 영향이 있다. 냉전 동안에는 미소 양 진영 간 이념 대결로 인해 우리 대북 정책이 충분히 자율적이지 못했고, 냉전 종식 이후에는 중국이 우리 대북 정책에 큰 영향을 줬다. 최근에는 점점 더 고도화되고 있는 북한의 핵과 미사일에 대한 억제력 확보를 위해 더욱 더 대미 의존도가 커질 것으로 전망돼, 다른 나라에 대한 정책 의존도가 커질 것으로 우려된다.

03

통일 원하지 않는 국민과
통일 비전 없는 정부

대북·통일 정책 환경에서 최근 크게 바뀐 것은 통일에 대한 국민들의 태도다. 1990년대만 해도 통일은 역사적 목표이자 민족적 염원으로 여겨졌으며, 반대나 유보를 주장하기 쉽지 않았다. 그러나 최근에는 통일을 원하는 사람의 수가 줄어든 데다 통일 이슈에 관심을 보이지 않는 이들도 늘었다.

통일을 바라는 이들이 줄어든 가장 큰 이유는 통일 비용에 대한 부담이다. 독일 사례를 연구한 결과, 사회간접자본SOC 등 미래에 대한 투자보다는 사회보장 등에 소비되는 비용이 컸다. 개인주의 성향이 강해진 데 더해, 취업이 어려워져 사회보장에 관심이 커지자 통일에 관해 부담을 느끼는 청년이 늘었다.

통일 시기를 늦추는 계획이 김대중 정부부터 이명박 정부까지 암묵적으로 합의된 내용이라는 주장도 있다. 보수 진영에서는 통일 직후 발생할 사회적·경제적 혼란을 우려하며 통일 시기를 되도록 늦추자는 생각을 가졌다. 진보 진영 역시, 북한의 경제력을 끌어올린 후 통일하는 편이 남북 공존공영을 돕는다는 생각에 통일 지연에는 반대하지 않았다. 그러나 통일 시기 연기론은 통일 준비에 방점을 둔 이명박 정부의 '통일 저금통' 운동을 거치며 약화됐고, 박근혜 대통령이 '통일 대박론'을 언급하며 설득력이 감소했다.

통일에 대한 열망이 줄어든 데에는 정부의 통일에 대한 비전 부재도 영향을 줬다. 통일에 대한 긍정적 전망이 반복될 뿐, 구체적인 실현 방안이 제시되지 못하자 통일에 찬성하는 국민이 줄어들었다. 과거 보수·진보를 망라한 지지를 얻은 '한민족 공동체 통일방안'이 있지만, 이 방안이 발표된 1989년 이후 많은 변화가 있었기에 보완이 필요하다. 국정 혼란으로 인해 대북·통일에 대한 국론 결집마저 쉽지 않아 합의에 이르기까지는 많은 시간이 소요될 것으로 보인다.

국민 다수가 공감할 정도로 합리적이고 매력적인 통일 로드맵이 제시된다면 통일에 관한 이슈가 사회 전반에서 논의될 것이다. 국내에서 통일에 대한 열망이 표출된다면, 대외적으로 통일의 필요성을 주장하는 데에도 도움이 될 것이다.

Interview

김정은의 핵능력 고도화 정책은
당분간 계속될 것

정성윤 통일연구원 연구위원

Q | 새로운 정부의 대북 정책은 어떤 방향으로 가야 하나?

A | 현재 정세를 명확히 평가해야 한다. 단순히 이념이나 과거 집권 시절 기억으로 북핵 위협 수준을 평가한다면 대북 정책이 꼬일 것이다. 북한은 김정일 아닌 김정은이 통치하고 있다. 북한은 전략이 바뀌었는데 희망적 사고로 접근해서는 곤란하다. 분명한 건 한국에 대한 직접적 북핵 위협 수준은 전례 없이 단기적으로 높아졌다는 점이다.

Q | 핵동결 협상 가능성도 나오는데?

A | 북한 핵 문제는 향후 비타협과 강대강 국면으로 갈 가능성이 크다. 일단 북한이 핵을 포기할 생각이 없다. 조금만 더 발전시키면 2차 공격 능력까지 키울 수 있다고 생각하고 있다. 김정은 입장에서 정권의 영속성을 보장받는 데 3~4년 정도 남았다고 여기고 있어 단

기간의 고통은 감내하려고 할 것이다. 북한은 핵보유국으로 인정받는 게 목표라 작은 선물을 받고서는 핵동결 협상에 나서려고 하지 않을 가능성이 높다. 아울러 아직 북핵이 미국 본토를 위협할 수준이 되지 못해 미국에서도 주요 관심사가 아니라는 점 때문에 김정은의 핵능력 고도화 정책은 당분간 계속될 것이다.

Q | 미국이 북핵 문제 해결을 위해 세컨더리 보이콧Secondary Boycott을 사용할 가능성은?

A | 일부 효과를 기대할 수 있지만 과연 미국이 사용할 것인가에 대해 개인적으로 가능성을 낮게 본다. 미국이 중국을 상대로 압박 강도를 높이기 위해 액티브한 언사를 자주 날릴 수는 있지만 세컨더리 보이콧까지 쓰는 건 쉽지 않다. 일단 미국이 북핵 문제 해결을 위해 중국과 심각한 정치·군사 갈등을 감내할지도 의문이다. 자국 본토 위협도 없는 상황에서 동맹 가치가 일본보다 낮은 한국을 위해 중국과의 마찰을 감수할 리 없다고 본다. 혹시 하더라도 미국의 경제적 이익과 별로 상관없는 기업을 1~2개 정도 하는 수준에 그칠 것이다.

Q | 새로운 정부에서 개성공단 재가동 등의 조치가 이뤄질 것으로 보는지?

A | 북한 핵 문제에 대한 진전이 없다면 개성공단 재가동은 쉽지 않

을 것이다. 이명박 정부가 2010년 5월 24일 천안함 피격 사건의 책임을 물어 북한에 가한 대북 제재조치인 '5·24 조치' 해제 역시 마찬가지다. 대선 후보 때는 캠페인으로 언급할 수 있지만 정작 국정 운영의 최고 책임자가 됐기 때문에 고려해야 할 사안이 많을 것이다. 만약 개성공단을 재가동한다면 중국과 일본은 바로 대북 제재에서 발을 빼려 할 것이다. 미국은 제재 입장은 유지하더라도 한국에 불이익을 줄 수 있다. 남북 관계를 통해서 북핵 문제를 주도적으로 해결할 수 있다는 환상을 버려야 한다. 지난 25년간 진행된 북핵 관련 역사가 남북 간에 해결할 수 없다는 것을 보여줬다. 한국이 할 수 있는 여지가 구조적으로 별로 없고 강대국들의 의사가 더 중요했다는 점을 새로운 대통령은 명심해야 한다.

한반도 생존의 길

'안보모범국'에
대한민국 안보의 길을 묻다

01

나라 밖에서
답을 찾는다

강대국들의 틈바구니 속에서 매번 숨죽여왔던 한국. 여기에 북한이라는 위협까지 겹치면서 한국이 선택할 수 있는 여지는 갈수록 좁아져만 갔다.

한국은 안보 분야에서 미숙함을 드러내며 스스로 운신의 폭을 좁혀왔다. 한국은 보유 중인 카드를 자의·타의에 의해 하나씩 잃어버리고 궁극에는 자충수를 두는 모습을 자주 보여줬다. 마치 넓은 원에서 시작하지만 갈수록 입지가 좁아져 티끌보다 작은 점으로 수렴한다는 수학 용어 '가브리엘의 호른'과도 같다.

우선 북한의 핵·미사일 위협에 대한 한국군의 대응은 실기를 거듭해왔다. 북한이 새로운 기술을 선보이면 그에 대응할 수 있는 무기 도입을 결정하고, 수년의 시일이 소요된 뒤 무기를 도입하면 북한이 또다시 새로운 기술을 개발하는 상황이 반복됐다. 뒷북 대응이 거듭

됐던 셈이다.

외교 역시 문제다. 강대국의 '포퓰리스트 민족주의Populist National-ism'가 강화되면서 한반도를 둘러싼 주변 4강들의 강경하고 공세적인 외교에 한국의 입지는 점점 좁아지고 있다. 박근혜 정부는 초반 2년 동안 미국·중국과는 '균형외교'를, 북한과 일본을 상대로는 '원칙외교'를 펼쳤다. 미국과 중국에는 유연함을, 북한과 일본에는 강경함을 내세운 것이다. 하지만 결과는 참담했다. 급변하는 동북아시아 정세에서 한국이 고를만한 선택지조차 거의 남겨두지 않았다. 사드 배치로 촉발된 중국의 경제 보복으로 한국 경제는 휘청이고 있다.

대북 정책도 꽉 막혔다. 개성공단 폐쇄로 대북 정책의 지렛대를 상실했다. 북한 핵·미사일 위협이 고조되는 가운데 한국이 직접 북한을 움직일 수단이 사라진 셈이다. 북한은 강하게 압박해야 하는 존재인 동시에 장기적으로 협력도 고려해야 하는 상대임에도 하나의 방향만 고집한 결과다.

가장 심각한 것은 국론이 둘로 분열됐다는 사실이다. 국익 관점에서 대외 정책의 옳고 그름을 살펴봐야 함에도 진보와 보수의 진영 논리에 갇힌 선입견이 안보를 불안하게 만들고 있다.

〈매일경제〉는 이처럼 적나라하게 드러난 한국 안보의 현실을 토대로 대안을 모색했다. 국방 부문의 이스라엘, 외교 부문의 일본, 통일 부문의 키프로스가 어떤 노력과 계기를 거쳐 오늘에 이르렀는지 분석해본다.

02

난공불락의 요새가 된 이스라엘

사방이 적으로 둘러싸인 이스라엘은 생존을 위해 강해진 대표적인 군사강국이다. 적들과의 공포의 균형을 맞추고자 스스로 중무장의 길을 선택한 것이다. 〈매일경제〉는 이스라엘이 군사강국으로 거듭날 수 있었던 비결을 찾기 위해 이스라엘의 경제수도, 텔아비브를 찾았다. 이스라엘 방위군IDF 본부에서 만난 피터 레너 이스라엘 방위군 대변인중령은 취재진을 보자마자 대뜸 이런 말을 던졌다. "오늘 아침에도 로켓포 공격을 받았다. 가자지구의 팔레스타인 무장단체 하마스가 로켓포를 발사해 즉각 대응 공격에 나섰다."

취재진이 어리둥절했던 것은 이스라엘 방위군 본부로 오는 길에 지켜본 시민들의 모습이 너무나 평온했기 때문이다. 히브리어로 '봄의 언덕'이라는 뜻을 담고 있는 이 아름다운 도시의 시민들은 여느 도시의 시민들처럼 학교와 직장에 가고, 쇼핑을 하고, 친구들을 만

나며 평온한 일상생활을 이어가고 있었다.

이스라엘이 한 달에도 수차례씩 공격을 받고 있다는 사실을 새삼 일깨워준 것은 이어지는 레너 대변인의 설명이었다. "영국 출장 중이던 네타냐후 총리의 지시에 따라 방위군은 전투기와 탱크를 동원해 대응 공격에 나섰다. 우리 피해는 없었지만, 하마스 대원 2명은 중상을 입었다."

자타가 공인하는 국방강국 이스라엘은 생존을 위해 스스로 강해지는 길을 선택했다. 최대 적국으로 꼽히는 이란은 이스라엘을 국가로조차 인정하지 않고 있다. 팔레스타인인이 거주하는 요르단 서안 지역과 가자지구에서도 이스라엘에 대한 공격은 지속되고 있다. 북서쪽의 시리아에서도 로켓포가 어김없이 날아온다. 레바논의 무장 정파 헤즈볼라는 가장 위협적인 존재다. 헤즈볼라는 100만 개가 넘는 로켓 미사일로 이스라엘 전역을 겨누고 있다. 레너 대변인은 "급진 이슬람 세력은 우리를 이 세상에서 없애버리는 것을 단 하나의 목표로 삼고 있다. 우리에겐 선택지가 없다. 언제나 적의 공격에 준비가 돼 있어야 한다"고 강조했다.

지속되는 위협을 극복하기 위해 이스라엘군은 모든 종류의 공격에 대응하는 방안을 마련했다. 상대가 공격해 오면 신속하게 국경을 방어하고 미사일과 로켓을 격추하는 시스템이 갖춰져 있다. 상대가 공격 준비를 마치기 전에 미리 상대의 공격 지점을 타격하는 준비태세 또한 철저하다.

이스라엘은 GDP 대비 국방비 비중이 6.2%에 달한다. 한국2.4%에 비해 월등히 높은 수준이다. 이스라엘이 이처럼 국방력 강화에 매진하게 된 계기는 1967년 벌어진 3차 중동전쟁이었다. 당시 이스라엘은 이집트에 선제공격을 하지 말라는 프랑스 요청을 무시했다가 무기 공급을 중단당하는 수모를 겪었다. 자주 국방의 중요성을 절감하고 정부와 군, 시민이 합심해 국방력 강화에 적극적으로 나선 것이다.

이스라엘에 거주하는 한 한인은 "2,000년간 세계를 방황하다 이스라엘을 건국한 유대인들은 패배하면 지중해에 빠져 죽을 수밖에 없다는 절박함이 있다. 언제든 전쟁을 불사할 각오는 물론, 희생할 준비가 돼 있는 국가가 바로 이스라엘"이라고 말했다.

실제 이스라엘 민족은 2,000년 동안 방황했던 민족이며, 2차 세계대전 당시 600만 명이 몰살을 당했다. 그래서 땅과 생명에 대한 집착이 심한 것이 사실이다. 이스라엘의 막강한 방위력에는 미국의 원조가 배경에 있다. 해마다 미국으로부터 일정 규모의 원조를 받고 있지만, 절대 미국에 의존하지는 않는 것이 사실이다. 이스라엘은 중동의 다른 적국에 대해 7~8배의 압도적인 공군력 우위를 지니고 있다.

이스라엘 국민들의 절박함은 이스라엘을 첨단무기로 중무장하도록 이끌었다. 이 같은 첨단무기 개발은 질적인 군사력 차이를 더 넓히겠다는 의지로 해석된다. 이스라엘에 있어 '국방력 강화'는 단순한 구호에 그치지 않는다. 엄청난 자원을 투입해 최강의 무기를 만들어내고 있다.

실제 이스라엘에서는 국가 전체 연구개발R&D 예산의 30%가 방위 산업에 투입된다. 또 방위 산업 생산량의 80%를 수출하는 세계 6위의 무기 수출국이기도 하다.

이스라엘은 위성, 방공 체계, 사이버 무기 등 첨단 기술로도 잘 알려져 있는데, 이 가운데서도 무인항공기UAV, Unmanned Aerial Vehicle 기술은 세계 최고 수준이다. 주변국과 숱한 전쟁을 치르는 과정에서 원거리 관측의 중요성을 일찌감치 깨달은 결과다.

이스라엘은 1982년 레바논 1차 전쟁에 자체 개발한 '스카우트'를 처음 투입한 이후 40년 가까이 무인기 기술을 축적해왔다. 무인기는 적군의 후방에 은밀하게 침투해 전장 정보를 CCTV처럼 상세하게 전해줄 수 있다. 여차하면 공격에 나서고, 목표물에 다가가 자폭할 수도 있다.

이스라엘의 무인기 역량을 최전선에서 이끄는 회사는 국영 방산 업체인 IAI이스라엘 항공우주산업이다. 연매출 40조 원을 자랑하는 IAI의 무인기 종류는 무궁무진하다. IAI 군용 항공기 부문의 아비 블레서 부사장은 "탐지 거리와 비행 목적 등 고객의 요구 조건에 따라 '맞춤 양복'처럼 주문 제작할 수 있다"고 설명했다.

IAI 공장 내부에서는 각기 다른 레이더와 카메라가 장착된 무인기가 제대로 작동하는지 시험이 한창이다. 무거운 무인기는 5.5t에 달하지만, 가벼운 제품은 2kg에 불과하다. 초소형 무인기는 활주로

가 필요 없기에 전장에 투입된 보병이 필요에 따라 바로 하늘에 띄울 수 있다. 한국 역시 이스라엘 무인기 '헤론'과 '서처'를 수입해 실전에 배치하기도 했다. 이스라엘제 무인기는 전 세계 50개국에 수출됐다.

미래전의 핵심으로 꼽히는 군사용 로봇 분야에서도 이스라엘은 독보적인 기술력을 갖추고 있다. 10여 년 전 지상 로봇UGV, Unmanned Ground Vehicle '가디엄'을 팔레스타인 가자지구의 접경 지역에 배치했다. 사람 대신 로봇이 순찰 임무를 수행하고 있는 것이다. 2016년에는 실탄이 발사되는 휴대용 킬러 로봇 '도고' 개발도 마쳤다. 대테러전이나 근접 전투에서 아군 피해 없이 적을 살상할 수 있게 해줄 무기다.

이스라엘은 '총칼 없는 전쟁'으로 비유되는 사이버전 역량에서도 강점이 있다. 대한무역투자진흥공사KOTRA에 따르면 2015년 현재 이스라엘 내 사이버보안 기업은 400여 개로 연매출만 65억 달러약 7조 원에 달한다. 2011년 국가 사이버보안 정책을 발표한 지 4년 만에 미국에 이어 세계 시장 점유율 2위10%의 사이버보안 선진국으로 도약한 것이다.

이 같은 사이버 역량의 산실은 국방부 산하 사이버사령부 8200부대다. 군에서 축적된 기술이 전역 군인들을 통해 민간 기업에 이전되고 있다. 이스라엘의 대표적인 사이버보안 기업 '체크포인트Checkpoint'의 창업자도 8200부대 출신이다.

바이러스 프로그램인 '스틱스넷Stuxnet'은 이스라엘의 사이버 역량을 설명하는 대표적인 사이버 무기다. 스틱스넷은 2010년 이란의 핵시설을 공격한 것으로 이름을 알렸다. 핵 개발 계획을 통제하는 컴퓨터 수천 대가 먹통이 되면서 핵 위협을 무력화한 것이다. 당시 이란은 공격 사실조차 몰랐던 것으로 알려졌다. 공격의 배후는 이스라엘과 미국이란 게 정설이지만, 아직 공식 인정한 바는 없다.

이스라엘은 사실상의 핵무기 보유국이기도 하다. 미국의 비정부기구인 군축협회Arms Control Association에 따르면 이스라엘은 최소 80개의 핵탄두를 보유한 것으로 추정된다.

이스라엘은 강력한 공격무기만 갖춘 것이 아니다. 스스로를 보호할 수 있는 첨단 방어 체계 또한 갖췄다. 말 그대로 난공불락의 요새를 구축한 것이다. 대표적인 방어무기가 바로 '아이언돔Iron Dome'이다.

아이언돔의 위력을 보여주는 단적인 영상이 있다. 2012년 11월 14일 저녁 이스라엘 남부 베르셰바의 한 결혼식장 모습이다. 흥겨운 음악 소리와 함께 한창 피로연 분위기가 무르익었을 무렵, 갑자기 귀를 찢는 사이렌 소리가 울려 퍼진다. 로켓 공격이 감지됐다는 신호다.

하지만 하객들은 어느 누구도 대피할 생각을 하지 않는다. 좋은 구경거리라도 생겼다는 듯 하늘을 올려다볼 뿐이다. 밤하늘을 가로지르며 로켓포가 날아오고, 로켓포를 요격하는 미사일이 발사된다. 미사일이 정밀요격에 성공하자 마치 결혼식을 축하하듯, 거대한 불

이스라엘을 난공불락 요새로 구축한 아이언돔

꽃놀이가 연출된다. 당시 결혼식장에 있었던 한 시민의 휴대폰으로 촬영한 영상이다.

베르셰바를 향해 발사된 로켓포는 모두 15개. 이스라엘 방위군은 이 로켓을 모두 요격하는 데 성공했다. 2011년 4월 실전 배치된 아이언돔은 사거리 4㎞에서 70㎞의 로켓포와 박격포를 공중에서 요격하는 단거리 미사일 방어 시스템이다. 이스라엘의 주요 지역을 강철 Iron의 지붕Dome으로 덮는다는 의미다.

취재팀은 이스라엘 방위군의 협조로 가자지구에서 불과 10㎞ 거리에 실전 배치된 아이언돔 포대를 방문했다. 울퉁불퉁한 시골길을 따라 텔아비브에서 달려가길 1시간여. 아슈켈론에 위치한 이스라엘 방위군 부대 앞에서는 무장 군인들이 삼엄한 경비를 서고 있었다.

일병 여성 군인이 취재팀을 에스코트하러 나왔다. 방위군에서 제공한 차량으로 옮겨 타 다시 20여 분을 달려 아이언돔 배치대대에 다다랐다. 지중해를 배경으로 하늘을 향해 조준된 아이언돔 발사대가 긴장된 분위기를 자아냈다.

아이언돔 1개 포대는 레이더, 통제센터, 미사일 발사대로 구성되며 한 포대당 6개의 발사대를 둘 수 있다. 아이언돔은 인구 밀집 지역을 향한 로켓포·박격포 공격에만 대응하고, 바다나 들판을 향한 공격에는 대응하지 않는다. 요격률이 90%에 달하며, 적의 일제 사격에도 대응이 가능하다.

물론 아이언돔을 운영하는 데 소요되는 비용은 만만치 않다. 아이언돔 1개 포대 가격은 약 5,500만 달러약 630억 원 안팎이며, 요격미사일인 '타미르'는 1발 가격이 5만 달러약 6,000만 원에 달한다. 하지만 아이언돔은 이스라엘의 국민들에게 있어 없어서는 안 될 존재가 됐다.

이스라엘 방위군 소속 아이언돔 포대 지휘관인 크피르 이브리 소령은 "이스라엘 사람들도 평범한 삶을 살 수 있어야 한다. 아이언돔이 없었다면 수시로 사이렌이 울리고, 피난처로 대피해야 하는 일이 일상이 됐을 것이다. 아이언돔이 있는 곳이라면 시민들이 학교를 다니고, 회사로 출근을 하는 등 일상적이고 안전한 삶을 살 수 있다"고 강조했다.

이스라엘의 국영 방위산업체 라파엘 관계자는 "로켓포를 막지 않았을 때의 인명피해를 예상해보면 비용은 문제가 아니다"라고 덧붙였다. 특히 적의 공격에 즉각적으로 대응해야 하는 상황에서는 아이언돔과 같은 방어 체계의 구축이 반드시 뒤따라야 한다. 공격을 받게 되면 반격 여부를 결정하는 데까지 적지 않은 시간이 걸리기 마련이다. 전쟁에는 정치적 판단까지 필요하기 때문이다. 아이언돔은 정치적인 결정이 없어도 일단 물질적 피해와 부상자 발생을 막는다. 조셉 호로위치 라파엘 부사장은 "아이언돔은 가자지구에서 오는 공격에 대해 정부가 대비할 시간을 벌어준다"고 말했다. 이스라엘 텔아비브에서 만난 한 시민은 "하마스와의 분쟁에서 인명피해가 없었던 것은 아이언돔 덕분이다. 로켓포 공격은 더 이상 걱정하지 않는다"고 했다.

이스라엘의 대표적 방어무기 아이언돔의 발사 모습

이스라엘의 방어 체계에는 아이언돔만 있는 것이 아니다. 사거리 70~300㎞의 중단거리 미사일에 대응하는 '데이비드 슬링', 사거리 300~1,000㎞의 중장거리 미사일을 요격하는 '애로우 2', 사거리 1,000~2,000㎞의 탄도미사일을 겨냥하는 '애로우 3' 등 철저한 방어 체계를 구축하고 있다. 특히 미국 보잉사와 공동 개발한 애로우 3는 이란이 보유한 '샤하브 3' 장거리 미사일의 요격을 위해 2017년 1월 실전에 배치됐다. 탄도미사일 요격에 대비한 요격 체계를 실전에 배치함으로써 어떤 공격에도 뚫리지 않는 난공불락의 요새를 구축한 것이다.

게다가 이스라엘은 레이저 광선으로 7㎞의 미사일이나 포탄을 요격하는 '아이언빔'의 개발도 마친 상태다. 적의 미사일이나 포탄이 가까운 곳에서 발사되면 아이언돔이 즉각 대응하지 못하는 상황이 발생할 수 있는데, 아이언빔은 이에 즉각적으로 대응하는 것이 가능하다.

이스라엘은 적의 기습공격에 대비한 감시 시스템도 철저하게 운영하고 있다. 적의 동태를 면밀히 살펴보는 관측위성은 모든 기상조건에도 작동하며, 밤과 낮을 가리지 않는다. 무인정찰기 역시 적진 깊숙이 접근해 정보를 수집하고 있다. 무인정찰기는 적의 작전 동태를 실시간으로 정보센터에 전송한다. 만약 적이 탄도미사일을 발사한 것으로 확인되면 바로 방어 미사일을 발사한다.

바다 역시 실시간으로 감시한다. 적의 함정이 접근하면 무인정찰기가 이를 인지해 자체 방어 시스템을 가동하도록 한다. 공중에서는 장거리 레이더가 영공을 감시하고 있으며, 적의 공격이 발생하면 적의 비행 작전을 교란하는 작전에 들어간다. 전면전을 막아낼 수 있었던 것이 바로 빠른 탐지 덕분이었던 셈이다.

피터 레너 이스라엘 방위군 대변인은 "전쟁을 막기 위한 억지력은 적의 로켓이나 미사일을 파괴할 수 있는 능력에서만 나오는 것이 아니다. 방어적인 능력뿐 아니라 공격적인 능력과의 균형이 전쟁 억지 능력을 강화할 수 있다"고 강조했다.

이스라엘의 최종병기는 단연 투철한 안보 의식이다. 투철한 안보 의식은 물론, 생존을 위한 절박함은 이스라엘을 지탱하는 힘으로 작용해왔다. 1970년대 이스라엘 총리를 지낸 여장부 골다 메이어 Golda Meir가 이스라엘 국민에게 던진 말은 지금까지도 회자되고 있다. "우리는 아랍과의 전쟁에서 최종병기를 지니고 있다. 그것은 바로 '지면 끝장'이라는 절박함이다."

알려진 대로 이스라엘은 남녀 모두 병역 의무를 수행해야 한다. 신체가 건강한 청년은 고등학교 과정이 끝나는 18살에 징집되며, 남성은 2년 8개월, 여성은 2년간 군에서 의무 복무를 해야 한다. 현역이 끝나면 평균 45살까지 예비군으로 편성돼 개전 시 언제든 전장으로 투입된다. 텔아비브에서 만난 시민 리야 씨여성·28는 "언제든 싸울 준비가 돼 있다. 지금 전쟁이 벌어지면 곧바로 전장에 뛰어들 것"이라고 말했다.

정부 조직 가운데서 가장 존경받는 조직 또한 군이다. 모두가 군대를 경험한 만큼 국민 모두가 군에 대한 이해도가 높다. 인기 직업 순위에도 판·검사, 교사, 공무원 등 여러 직업 가운데 군인이 가장 첫손에 꼽힌다. 실제 이스라엘에서는 어느 부대를 나왔는지에 따라 사람을 평가하는 시각도 달라진다. 예를 들어 100 대 1의 경쟁률을 뚫어야 하는 엘리트 부대 '탈피오트Talpiot'에 합격하면 가문의 영광이라는 말이 나올 정도다. 베냐민 네타냐후 이스라엘 총리 역시 초정예 엘리트 부대 '사이렛 매트칼' 출신이다.

1990년대부터 이스라엘의 모든 가정은 집 안에 대피소Safe Room를 갖춰야 한다. 대피소가 없으면 건물 신축 허가가 나지 않는다. 언제 터질지 모르는 적국의 위협에 대비해, 국가의 책임 못지않게 개인의 책임도 중요하다는 의미다. 이스라엘 민방위 사령부Home front Command는 인터넷 홈페이지와 신문, TV 등의 미디어로 재난 상황에 대처하는 방안을 시민들에게 실시간으로 전파한다. 인터넷 홈페이지는 적국의 미사일 공격, 생화학 공격, 지진, 자연재해 등 상황별 행동 요령이 놀라울 정도로 상세히 정리가 돼 있다. 이스라엘 방위군 관계자는 "스스로를 어떻게 방어할지 개인도 최선을 다해야 한다"고 강조했다.

03
기동외교로
안보벨트 구축한 일본

일본은 한국에 대한 외교적 도발을 거듭해왔다. 특히 한국에 리더십 공백이 있었던 시기 일본은 독도를 자신들의 영토라고 주장하는 내용을 초·중 학습지도요령에 포함하면서 노골적인 도발을 감행했다. 한국의 입장에서는 일본의 이 같은 외교 정책에 대해 분노할 수밖에 없는 것이 사실이다. 그럼에도 불구하고 외교 정책에서 일본을 참고할만한 사례로 꼽은 이유가 있다. 일본은 10년을 내다보고 외교력 강화를 위한 장기 플랜을 수립했으며, 구체적인 외교 목표를 제시하고 신속한 외교전을 펼쳐왔다. 정권이 바뀔 때마다 외교 정책이 오락가락했던 한국의 입장에서는 일본의 정책 수립 과정이나 실행 방식을 참고할 필요가 있다.

2017년 2월에 있었던 미·일 정상회담은 일본의 외교적 노력을 단적으로 보여준다. 아베 신조 일본 총리는 도널드 트럼프 미국 대통령과의 정상회담을 마치고 플로리다 주에 위치한 트럼프 대통령의 개인 별장 '마러라고'로 함께 날아갔다. 두 정상은 팜비치의 주피터 골프 리조트에서 18홀을 돌고 정식 오찬 대신 햄버거와 핫도그를 먹으며 9홀을 더 돌았다. 하루 동안 27홀을 라운딩한 셈이다. 이날 골프 회동에서 아베 총리와 트럼프 대통령이 서로 손을 들고 하이파이브를 하는 장면은 당시 미·일 정상회담의 상징처럼 강렬한 인상을 남겼다.

비록 일본 내부에서는 '굴욕외교'라는 비판도 있었지만, 아베 총리에게 필요한 것은 중국의 굴기에 맞선 미·일 동맹의 강화였다. 발 빠르게 움직이는 일본 '기동외교'가 빛을 발했던 순간이다.

리더십 실종으로 한국 외교가 멈춰선 사이 일본의 외교는 종횡무진 세계 곳곳을 내달렸다. 2016년 11월 이후 2017년 3월까지 아베 총리가 진행한 정상회담은 모두 17차례에 달한다. 아베 총리는 2016년 11월에는 당시 대통령 당선자 신분이던 트럼프를 만나기도 했다.

정상회담의 횟수가 중요한 것은 아니다. 아베 총리의 해외순방은 하나의 목표를 향하고 있다. 남중국해에서 세력을 강화해가는 중국을 견제하는 데에 초점을 맞춘 것이다. 시진핑 중국 국가주석의 '진주목걸이 전략'에 맞선 '다이아몬드 전략'이다.

중국은 방글라데시와 스리랑카, 파키스탄, 미얀마 등을 목걸이처럼 엮어 인도를 압박하며 해양 진출에 본격적으로 나서고 있다. 여기에 대항한 아베의 다이아몬드 전략은 일본과 미국하와이, 호주, 인도를 잇는 마름모꼴의 안보 체제를 구축하는 것으로 대표된다.

아베 총리는 2016년 11월 나렌드라 모디 인도 총리와 정상회담을 열어 안보·경제 협력을 강화하기로 했다. 그해 12월에는 미국 하와이에서 버락 오바마 당시 미국 대통령과의 정상회담을 진행하며 굳건한 미·일 동맹을 과시했다. 2017년 1월 호주 시드니를 방문한 아베 총리는 맬컴 턴불 호주 총리와 정상회담에서 양국 간 군사 협력을 강화하는 상호군수지원협정ACSA 개정안에 서명했다. 일본 자위대와 호주군 간에 탄약 제공이 가능하도록 하는 협정이다. 불과 몇 달 새 다이아몬드의 꼭짓점을 돌며 안보 협력을 강화한 것이다.

일본의 중국 포위 전략에서 동남아시아는 가장 중요한 전략적 기지로 꼽힌다. 아베 총리는 2017년 1월 필리핀, 인도네시아, 베트남을 차례로 방문했다. 중국과 대립 중이거나 갈등의 여지가 있는 동남아 국가들을 안보벨트에 포섭하기 위한 차원이다.

중국과 전략적 공조 관계에 있는 러시아에는 선물 보따리를 풀었다. 아베 총리는 2016년 12월 블라디미르 푸틴 러시아 대통령과의 정상회담에서 대규모 투자 협력 방안을 내놨다. 이 역시 중국 견제를 위한 장기적 포석이라는 게 외교가의 분석이다.

물론 일본 외교가 늘 성과를 냈던 것은 아니다. 중국 견제를 위한 일본 외교의 목표가 한국에 적용되는 것도 아니다. 하지만 일본 외교가 하나의 목표를 향해 전방위 외교에 나서는 것 자체만으로도 한국에 시사하는 바가 크다.

일본은 10년 전부터 외교 인재 양성, 외교의 기동성 강화, 지일파 육성 등 외교력 강화를 위한 구체적인 방안을 마련해 장기 계획을 세웠다. 이것이 외교력 강화를 일궈내는 데에 일조했다. 일본 자민당이 지난 2007년 내놓은 '외교력 강화에 대한 조치계획 10'이 그것이다. 자민당은 '일본이 주장하는 외교'를 위해 '외교력 강화에 관한 특명위원회'를 구성해 10개 액션 플랜을 내놨다.

첫 번째 액션 플랜은 단연 인재 육성이다. 국제기관의 수장이 되는 인재를 구하고, 장기적인 안목을 가지고 육성한다는 것이다. 또 일본과 아시아 민간인을 대상으로 하는 연수·취업 지원을 실시하고, 멀티 외교에서의 능력 향상을 위해 국제기구 파견 등을 확대해 전문가 육성에 나선다는 내용도 포함됐다. 외무성 1종 직원이면 자동적으로 대사로 승진하는 시대를 끝내고, 각계에서 구한 인사를 대사직에 기용하는 등 기존 관행을 폐기하겠다는 내용도 담았다.

대사관 등 외교실시 체제 강화가 두 번째 액션 플랜이다. 이를 위해 10년간 150개 대사관 체제를 조기에 실현하고, 주변 대사관과의 네트워크를 이룬 콤팩트 공관의 도입도 제안했다.

특히 눈에 띄는 부분은 '올 재팬All Japan' 전략이다. 총리의 해외순방에 맞춰 경제계의 동행을 전략적으로 기획하고, 대사와 총영사가 선두에 서서 기업에 최선의 비즈니스 환경을 만들어주는 역할을 부여했다. 중앙부처뿐 아니라 지방자치단체도 올 재팬 체제 구축을 목표로 총력외교에 나선다는 내용도 담았다.

액션 플랜에는 일본의 얼굴이라 할 수 있는 재외공관 운영을 충실히 하고, 기동적 외교 전개를 위해 편리성 높은 이동 수단을 도입한다는 방안도 있다. 또 의원 외교의 전략성, 비정부기구NGO 등 외교 플레이어와 연계, 공적개발원조ODA의 양과 질 확충, 관계부처 간 정보 체제 구축, 외교 발신력 강화 등의 액션 플랜도 포함돼 있다.

일본 외교 액션 플랜 10

인재 중심 외교	• 국제기관의 수장이 될만한 인재를 널리 구하고, 국제기구 파견 등을 통해 전문가로 육성 • 외무성 1종 직원이면 대사로 자동 승진하는 시대를 끝내고 필요한 사람을 대사로 기용
외교실시 체제	• 10년 내 대사관 수 150개를 달성하기 위해 향후 3년간 역량을 집중 • 10년간 정원 2,000명 증가
재외공관 강화	• '일본의 얼굴'에 해당하는 대사관·공관에 대해 입지 및 시설 점검 실시 • 위험한 공관은 경호를 강화하고 재외공관을 통해 일본 식문화 홍보
외교의 기동성	• 유럽·미국까지 비행할 수 있는 편리성 높은 항공기 도입 • 정부 보유 항공기를 각료나 정부대표 일정에 활용하도록 검토
의원외교 전략	• 의원을 파견해 정부 대응이 어려운 상대와의 대화에 활용 • 의원 간 장기적인 신뢰 관계를 구축해 교류를 강화
기업·지방 지원, '올 재팬'	• 총리 해외순방에 기업이 동행해 성과 확대 • 대사나 총영사가 선두에 서서 자국 기업의 비즈니스 환경 개선 • 중앙부처뿐만 아니라 지방자치단체도 통합한 올 재팬 체제 구축
외교 플레이어와 연계 강화	• NGO를 외교 활동의 유력한 파트너로 만들기 위해 NGO 지원 확충
ODA 양적·질적 확충	• 100억 달러(약 11조 원) 규모로 ODA 신규 사업량을 늘린다는 계획을 예정대로 진행 • 기술협력·무상·엔화차관이라는 3가지 원조 수단을 활용
정보 체제 강화	• 관계 부처끼리의 단절을 없애고 정보 공유를 추진하기 위한 온라인 시스템 구축 • 보안 강화를 위해 비밀정보 사용 허가 제도를 도입
외교의 발신력 강화	• 문화외교 실시에 중요한 역할을 담당하는 국제교류기금의 예산·인원 확충 • 만화의 노벨상인 '국제만화상'을 창설하고 해외에서 일본어 교육 거점을 확대

04

'아프로디테의 선물'
가스전이 가져다준 키프로스 통일 논의

그리스 신화 속 미와 사랑의 여신, 아프로디테는 지중해 동부의 작은 섬 키프로스의 페트라 투 로미우Petra tou Romiou에서 태어났다. 지금도 여신의 숨결을 느끼려는 관광객들의 발길이 끊이지 않는 명소다.

신화 속 아프로디테가 현재를 사는 키프로스 사람들에게 선물을 선사했다. 지난 2011년 키프로스 남동부 배타적 경제수역EEZ 12광구에서 대형 천연 가스전이 발견된 것이다. 추정 매장량은 4조 5,000억 ft³세제곱피트로, 키프로스 섬 전체가 250년 가까이 쓰고도 남는 규모다. 키프로스 사람들은 이 가스전에 '아프로디테 가스전'이라는 이름을 붙였다.

아프로디테 가스전은 이르면 2020년부터 상업 생산이 시작된다. 에너지 자원을 러시아와 이스라엘 등 외국으로부터 전량 수입해 썼

키프로스에 평화를 선물해준 아프로디테 가스전

던 키프로스 사람들에겐 단비와 같은 소식이다. 공급이 수요를 넘어설 게 확실시되자 남는 가스를 유럽에 내다팔 수도 있다는 장밋빛 전망까지 나왔다. 에너지 빈국에서 수출국으로 변신하게 된 셈이다.

아프로디테 가스전이 키프로스 사람들에게 준 선물은 경제적 이익뿐이 아니다. '평화'라는 선물도 건넸다. 키프로스는 유럽 유일의 분단국으로 현재 유엔 평화유지군이 주둔해 있다. 아프로디테 가스전 발견 이후 키프로스에는 어떤 일이 벌어진 것일까. 〈매일경제〉는 한반도의 지정학적 위험을 해소할 수 있는 실마리를 찾고자 키프로스를 방문했다.

키프로스는 지중해 동쪽 끝의 섬나라로, 연중 따뜻해 유럽 최고의 휴양지로 손꼽힌다. 크기는 우리나라 경기도보다 약간 작고, 110

만 명그리스계 80만 명, 터키계 30만 명이 살고 있다. 1인당 GDP는 2만 3,000달러약 2,635만 원 수준이다. 남쪽 키프로스공화국은 EU유럽연합에 가입한 정식 국가지만, 북키프로스는 국제사회의 인정을 받지 못한 미승인 국가다. 북키프로스는 터키로부터만 합법정부로 인정을 받고 있다.

두 진영이 공존하는 키프로스 섬에는 서로 다른 문화가 뿌리 깊게 박혀 있었다. 우선 언어부터 다르다. 남쪽은 그리스어, 북쪽은 터키어를 쓴다. 영어로는 '사이프러스'라고 읽지만, 그리스계는 '끼쁘로스', 터키계는 '크프로스'라고 발음한다. 남북 사람이 만나면 서로 대화가 안 돼 영어로 소통해야 한다. 통화도 다르다. EU 가입국인 남쪽은 유로화를 사용하지만, 북쪽은 터키 돈인 리라화를 쓴다. 종교도 그리스정교회와 이슬람교, 건물 양식도 지중해 스타일과 오리엔탈 스타일로 나뉜다.

다만 도로 체계만큼은 남북이 같았다. 차량은 좌측통행이 원칙이다. 1960년까지 영국의 식민지였다가 독립한 영향 때문이다. 키프로스는 유럽과 아시아, 아프리카의 길목에 위치해 역사적으로 그리스, 이집트, 로마, 오스만제국 등 강대국의 소유물이었다. 1960년 영국에서 독립했지만 그리스계와 터키계의 무력 충돌이 이어졌고, 1974년 그리스계 군부가 쿠데타를 일으키자 터키군이 키프로스 북부를 무력으로 점령해 지리적으로 분단됐다. 코피 아난 유엔 사무총장이 만든 통일안이 2004년 국민투표에 부쳐졌지만 그리스계의

76%가 반대해 통일이 무산됐다.

지금도 키프로스는 하나의 섬이지만 그리스, 키프로스공화국, 터키, 북키프로스 등 4개의 국기가 휘날리고 있다. 남북 키프로스의 충돌을 막기 위해 유엔 평화유지군이 주둔하고 있다. 독립 이후 1963년 그리스계와 터키계 간 무력 충돌이 벌어지자 파견된 유엔군은 반세기 동안 완충 지대Buffer Zone를 지키고 있다.

유엔군의 협조로 들어간 완충 지대에는 버려진 상태로 방치된 니코시아 국제공항이 자리 잡고 있었다. 1974년 터키군의 침공으로 치열한 교전이 벌어지면서, 키프로스의 관문 역할을 하던 공항은 문을 연 지 6년 만에 폐쇄되는 비극을 겪었다. 독일의 유명 디자이너가 3층 높이로 지은 최신식 건물이었지만, 세월의 무게를 이기지 못하

43년째 멈춰버린 니코시아 국제공항의 비행기

고 곳곳이 낡아버렸다. 공항임을 알리는 간판은 대부분 떨어져나갔고, 관리가 안 된 활주로에는 잡초가 무성하다. 식당 조리실에는 당시에 쓰던 냉장고와 조리 기구가 고스란히 남아 있었다. 영국과 키프로스섬을 오가던 비행기는 43년째 하늘로 날아오르지 못한 채 당시 총격의 흔적을 그대로 간직하고 있다. 현재 일반인의 출입은 엄격히 제한된다.

유엔군의 로버트 삭슨 소령은 "키프로스는 전 세계에서 가장 오래된 유엔 미션 지역"이라고 말했다. 섬의 동서를 가로지르는 180㎞ 길이의 완충 지대를 세계 각지에서 온 유엔군 888명이 24시간 밤낮없이 지키고 있다.

취재팀은 키프로스의 수도 니코시아를 찾았다. 남북 왕래를 위해 하루 평균 3,000여 명이 오가는 리드라 검문소에는 '전 세계에서 유일한 분단 수도'라는 글귀가 선명했다. 니코시아 역시 남북으로 갈라져 있다 보니 시청도 2개, 시의회도 2개다. 시내 곳곳에는 벽을 세우고 철조망을 친 완충 지대가 있다. 1970년대 초 최대의 번화가였지만 지금은 사람 대신 고양이, 쥐만 뛰어다니는 을씨년스러운 골목으로 변했다.

완충 지대의 철조망 밑에는 그리스어로 'Our boarder is not here'라고 적혀 있었다. 우리의 국경은 여기가 아니라, 키프로스 섬을 둘러싼 바다라는 뜻이다. 주민들은 지금의 분단 상황을 인정하지 않고 있었다. 키프로스공화국 외교부의 이린 샤랄람부스 씨는 "어린 시절

뛰어놀던 곳을 다시 찾아갈 수 없어 안타깝다"고 말했다. 그는 "하루 빨리 키프로스 섬이 하나가 돼야 한다"고 덧붙이며 통일에 대한 염원을 내비쳤다.

이토록 오랜 기간 분단 상태로 지내온 키프로스에서 최근 통일 협의가 급물살을 타고 있다. 바로 아프로디테 가스전 덕분이다. 아프로디테 가스전은 1974년 무력 충돌 이후 40년 넘게 남쪽 키프로스공화국그리스계과 북쪽 북키프로스터키계로 분단된 키프로스 섬의 통일 논의에도 불을 붙였다. 양측 모두 가스전이 가져올 이익에 관심이 있기 때문이다. 가스전에 해저 가스관을 키프로스 섬까지 연결하고, 이를 다시 터키로 연결하는 수송로는 가스전의 천연가스를 유럽으로 가장 안전하고 빠르게 보낼 수 있다.

결과적으로 천연가스를 유럽 시장에 내다팔려면 북키프로스와 협력해야 한다. 키프로스공화국의 요아니스 카술리데스 외교부 장관은 가스전이 통일 협상에 어떻게 도움이 되느냐는 질문에 "큰 도움이 된다. 가스전은 현 세대와 미래 세대 모두에게 많은 이익을 줄 것"이라고 강조했다.

들뜬 건 북키프로스도 마찬가지다. 북키프로스 외교부 고문인 오스만 에루투 씨 역시 아프로디테 가스전의 상업 생산을 기다렸다. 그는 "가스관이 키프로스 섬을 통해 터키로 가면, 러시아산 가스에 의존하는 유럽 지역에서 터키가 '에너지 허브'가 될 것"이라고 기대했다. 그는 "특히 가스전은 키프로스인 모두의 자원으로 가스전 개발과 관련해 남키프로스와 얼마든지 협력할 용의가 있다"고 덧붙였다.

러시아에 대한 에너지 의존도가 높은 터키 입장에선 안정적 공급선이 될 키프로스 가스전에 관심이 갈 수밖에 없다. 터키는 키프로스 통일의 가장 큰 걸림돌이었지만, 전향적인 입장으로 돌아섰다. 경제적인 이해관계가 결코 좁혀지지 않을 것 같던 양측의 정치적 대립을 극복하는 계기가 된 셈이다. 남북 모두에서 온건파 대통령이 권력을 잡은 2015년부터는 통일 논의가 빠른 속도로 진행되고 있다.

현재 키프로스의 통일 논의에는 4만 명에 달하는 터키군 주둔 문제가 최대 난제로 꼽힌다. 그리스계는 통일 이후 외국군은 철수해야 한다는 입장이지만, 터키계는 만일의 사태에 대비해 철수는 절대 불가하다고 맞서고 있다. 현재와 같은 상황에서는 실제 통일이 이뤄질 수 있을지 여부도 불투명한 것이 사실이다. 하지만 남북 키프로스는 물론 터키와 그리스, 영국 등 주변국들까지도 통일을 위해 함께 머리를 맞대고 있다는 사실 자체만으로도 한국에는 시사하는 바가 크다.

아프로디테 가스전은 절대 좁혀지지 않을 것만 같던 정치적 대립을 극복하는 계기가 됐다. 지정학적 위기를 경제적인 접근으로 극복하는 '지경학'의 사례인 것이다. 윤영관 서울대 명예교수는 "지정학적 딜레마를 풀어가는 데 있어서 활용할 수 있는 수단 중 가장 큰 것이 경제"라고 설명했다.

무조건적 화해·협력보다는
레버리지를 만들어야

윤영관 서울대 명예교수전 외교통상부 장관

Q | 이명박–박근혜 보수정부의 대북 정책 한계는 무엇이었나?

A | 가장 뼈아픈 게 북한 문제와 관련된 '레버리지'를 잃어버렸다는 것이다. 독일을 보자. 보수정부가 들어서서도 사민당의 동방정책을 받아들였다. 기민당 당수였던 헬무트 콜은 간파한 것이다. 미국, 영국, 프랑스 이런 우방국들과의 관계를 아무리 잘 풀어가더라도 이들은 현상 유지에만 관심이 있지 독일 통일에는 아무런 관심이 없기 때문에 이들과 외교를 아무리 잘해도 그것만으로 통일을 이룰 수 없다는 것을. 결국 통일을 위해서는 교류를 통해 동독을 변화시키는 수밖에 없다고 깨달은 것이다.

안타깝게도 한국의 보수는 독일의 보수와 같은 깨달음이 부족하다. 참여정부 말기에만 해도 북한의 대외교역 중에 남한과의 교역이 차지하는 비중이 50%였다. 그런데 지금은 중국 비중이 90%다. 그 결과 우리는 북한에 대해 아무런 영향력을 행사할 수 없게 됐다. 북한이 무슨 일을 저질러도 우리가 할 수 있는 일이라고는 중국에 북한을 제재해달라고 목소리 높이는 게 전부다. 그런데 중국이 우리 말을 들어줄 턱이 있나. 자기네 방파제 역할을 해주는 나라를 망하게 할 이유가 없다.

우리가 스스로 주인의식을 갖고 비록 가진 것은 얼마 없지만 어떻게든 중국과 미국을 움직여 북한 문제를 해결해보겠다는 의지를 가져야 한다. 북한 문제를 국내 정치용으로 활용만 하고 있으니 국내 통합은 안 되고 보수정권이냐 진보정권이냐에 따라 정책 일관성도 사라진 것이다. 비단 보수만의 문제는 아니다. 진보정권 역시 똑같은 잘못을 저질렀다.

Q | 새로운 정부가 지향해야 할 대북 정책 방향은?

A | 지정학적 이슈를 지경학으로 풀어야 한다. 북한 문제만 해도 그렇다. 핵에 매달려 남북 간 관계를 단절하는 대신 핵에 대해 압박을 이어가면서도 비정치, 비안보 분야에서 협력을 이어가야 한다. 가장 바람직한 것은 남북한뿐만 아니라 중국, 러시아, 일본 등 주변국들까지 포함한 경제 네트워크 내에 북한을 품어 외부로부터 불어온 경제적인 바람이 북한 사회를 변화시키고, 이를 통해 북한이 핵 관련 비무장화를 선택할 수 있도록 유도해가는 것이다. 그런데 박근혜 정부는 유일하게 남아 있던 지경학적 수단인 개성공단을 폐쇄해버렸

다. 10·4 남북공동선언이 바로 지경학 프로젝트였다. 이명박 정부가 10·4 선언에 대해 '기본적으로 존중하지만 타당성을 충분히 검토한 뒤에 보완하자'는 입장만 가졌어도 남북 관계는 지금과 달라졌을 것이다.

Q | 향후 대북 전략 방향은?

A | 무조건적인 화해·협력보다는 북한에 대해 레버리지를 만들어야 한다. 유사시 우리가 활용할 수 있는 카드를 만들자는 의미다. 독일이 그런 걸 참 잘했다. 정치와 경제를 철저히 분리했고, 경제적 지원을 해주되 모니터링과 컨트롤을 잘하면서 했다. 그 결과 동독이 완전히 서독에 의존하게 만들어버렸다. 통일의 순간도 극적이었다. 베를린 장벽이 무너지자 동독 총리가 도와달라고 SOS를 쳤는데 그 순간 정치 개혁을 하라고 요구했다. 그동안은 동독과의 교류 과정에서 정치 문제에 간여하지 않는다는 원칙을 철저히 지켜왔으나 결정적인 순간이 오자 이 원칙을 깨고 정치 개혁 안 하면 경제 지원 못 해준다고 요구함으로써 통일을 이뤄냈다.

Q | 남북 경협 재개에 대해 보수층은 반대할 텐데?

A | 남북 경협이 북핵 개발을 도왔다는 주장은 근거가 없다. 중국과의 무역으로 벌어들인 돈은 핵 개발로 안 가고, 한국과의 무역으로 벌어들인 돈만 핵 개발에 쓰였다는 것은 말이 안 된다. 금강산 관광

등 북한에 현금이 곧바로 흘러들어가게 하는 경협에 대해서는 나도 회의적이다. 기업, 특히 중소기업이 들어가 북한과 협력해 남북 간 경제적 연결고리가 심화되는 게 바람직하다.

한반도 생존의 길

CHAPTER

06

인빈서블
코리아를 향해

01

북핵 문제 해결 위한
'공포의 균형'

핵 잠재력 확보

5차례에 걸친 핵실험과 잠수함발사탄도미사일 시험 발사, 대륙간 탄도미사일 위협, 고체연료 중장거리 탄도미사일 발사와 신형 이동식 발사 차량 공개까지. 국제사회 제재에도 불구하고 핵·미사일 개발에 박차를 가해온 북한은 마음만 먹으면 미국 본토에 언제든 핵 공격을 할 수 있다고 위협할 정도로 핵·미사일 능력을 고도화하는데 성공했다. 이는 1990년대 초반부터 20여 년간 이어져온 북한 비핵화 노력이 수포로 돌아갔다는 것을 의미한다.

북한의 핵·미사일 위협이 하루가 다르게 커지고 있는 상황임을 고려하면 특단의 조치가 필요하다. 이를 위해 생각해볼 필요가 있는 전략이 MADMutually Assured Destruction, 상호확증파괴다. 두 나라가 모두 상대에 치명적인 무기를 가지고 있으면 전쟁을 하기 어려워져 자연스럽게 전쟁 억제력이 생기게 된다는 주장이다. 1960년대 이후 미국과 소련이 상대방의 핵 공격을 억제하기 위해 채택했던 전략이 MAD다. 미·소 양국은 적이 핵 공격을 가하면 적의 공격 미사일 등이 도달하기 전에 또는 도달한 후 생존해 있는 보복력을 이용해 상대편도 전멸시키는 전략이 핵전쟁을 억제할 수 있다고 믿었고, 실제로도 그랬다. MAD는 1991년 소련이 붕괴될 때까지 냉전 시대의 핵 억제 전략으로서 미·소 간 핵전쟁을 억제하는 데 중요한 기능을 담당했다.

북한 핵·미사일 위협을 근본적으로 해결하기 위해 한국도 '한반도판 MAD' 전략을 검토할 필요가 있다. 북한의 위협을 막을 수 있는 다른 조치들이 제 기능을 발휘하지 못한다면, 북핵 문제의 근본적 해결을 위해 궁극적으로는 핵 관련 옵션들도 고려해야 한다.

우선 북한 비핵화를 위해 모든 옵션을 테이블 위에 꺼내 놓아야 하는 만큼, 자체 핵 능력 강화 방안도 검토할 필요가 있다. 미국과 맺은 원자력협정을 일본 수준으로 개정해 핵 재처리를 승인받는 것이다. 한국은 플루토늄 재처리가 사실상 불가능하고, 우라늄 농축 역시 저농도에 한해 조건부로 가능하다. 반면 일본은 완전한 재처리와 농축 권리를 인정받고 있다. 미국과의 협상에 따라 핵연료 재처리와 우라늄 농축 권리를 얻어내는 데 성공한다면 비록 현실화될 가능성이 낮고 현실화되어서도 안 되지만, 최후의 순간에 자체적인 핵무기 제조도 검토할 수 있다. 북한을 상대로 우리가 쓸 수 있는 결정적 카드가 늘어나는 셈이다.

이를 위해서는 우선 미국과 원자력협정을 개정해 핵 개발 잠재력을 확보하는 것이 필요하다. 한국은 미국의 혈맹이지만, 원자력 분야 협력에 있어서는 인도는 물론 브라질, 아르헨티나보다 못한 취급을 받고 있다. 사용 후 핵연료 재처리는 제한적으로, 우라늄 농축은 저농도에 한해 가능하다. 그나마도 2015년 미국과 협상을 통해 우라늄 농축과 사용 후 핵연료 사용을 전면 금지하는 '골드 스탠더드' 조항을 없앤 결과다.

한국도 핵무장을 할 수 있다는 의지를 대외적으로 표명하는 것도 검토 방안 중 하나다. 핵무기 재료인 플루토늄을 생산하기 위한 재처리나 우라늄 농축은 하지 않더라도 사전 조치로 의지를 표명하는 것이기 때문에 핵확산금지조약NPT이나 한미 원자력협정 등을 위반하지 않으면서도 우리의 의지를 확실히 표현할 수 있는 방안이다. 무엇보다 대북 제재의 키를 쥐고 있는 중국에 대해 강력한 경고 효과를 발휘할 수 있다. 한국의 핵무장 준비 선언은 일본과 대만에도 영향을 줄 수밖에 없고, 이는 중국에 악몽과도 같은 시나리오이기 때문이다.

핵무장 준비 선언에서 한 걸음 더 나아가는 방안은 북한의 핵 개발로 이미 무력화된 '한반도 비핵화 선언'을 한국 정부도 공식적으로 폐기하는 것이다. 1992년 발효된 한반도 비핵화 선언은 핵전쟁의 위험을 제거하고 평화 통일에 유리한 조건과 환경을 조성하자는 취지에서 채택됐다. 남한과 북한이 핵무기의 시험, 제조, 생산, 접수, 보유, 저장, 사용을 하지 아니하고 핵에너지를 오직 평화적 목적에만 이용하며, 핵 재처리 시설과 우라늄 농축 시설을 보유하지 아니하고 한반도 비핵화를 검증하기 위해 상대측이 선정하고 쌍방이 합의하는 대상들에 대해 사찰을 실시하도록 명시하고 있다.

한반도 비핵화 선언의 폐기는 핵무장 준비 선언과 더불어 북한과 중국에 대한 압박을 강화할 수 있는 수단이다. 정부의 강력한 의지가 필요하고, 미국·일본 등 동맹국들과의 충분한 사전 교감 역시 필수적이며, 중국의 강력한 반발이 예상되는 점에 유의해야 할 것이다. 한국이 핵 개발 의지가 있고 실제로 능력도 있다는 것을 보여주는 과정에서 있을 국제적인 비난 여론이나 국제원자력기구IAEA의 사찰도 감수해야 한다.

북한의 핵 위협에 우리도 핵으로 맞서겠다는 선언에만 그치지 않고 실제로 핵을 들여오는 방안도 검토의 대상이 될 수 있다. 한반도 비핵화 선언 이전에 한국에 배치돼 있던 미국의 전술핵을 재배치하는 방안이 그것이다. 공식적으로 한반도 전술핵 재배치를 반대했던 오바마 행정부와 달리 트럼프 행정부는 한반도 전술핵 재배치를 대북 옵션으로 논의 중이다.

이에 앞서 2011년 2월 개리 새모어Gary Samore 백악관 대량살상무기WMD 정책조정관이 사견임을 전제로 "한국 내 합의가 이루어져 미국에 전술 핵무기 재배치를 공식 요구한다면 미국은 응할 것"이라고 말한 바 있고, 2012년 5월에는 미국 하원 군사위가 서태평양 재래식 전력 증강 및 한국 내 전술핵 재배치를 포함하는 '2013 국방 수권법 수정안'을 찬성 32표, 반대 26표로 통과시키는 등 미국 내에서도 관련 논의가 꾸준히 진행돼왔다.

NATO 회원국처럼 미국과 '핵 공유 협정' 체결을 추진하는 것도 북한에 빼앗긴 전략적 우위를 만회할 수 있는 방법이다. 미국은 벨기에, 이탈리아, 독일, 네덜란드, 터키 등 5개 동맹국에 전투기 탑재용 전술핵무기B-61를 비축해놓고 있다. 핵탄두를 작동 가능한 상태로 전환하는 최종 승인코드는 미국이 통제하지만 5개 동맹국이 탑재 및 투발 수단을 제공해 사실상 '50%의 사용권'을 행사한다.

미국이 보유하고 있는 대표적인 전술핵은 B-61 폭탄인데, 이는 한국이 보유 중인 F-16과 F-15 시리즈에도 탑재할 수 있다. 다른 첨단무기 도입 및 무기 체계 개발과 달리 큰 비용이 들지 않고 핵확산금지조약을 어기지 않으면서도 핵우산보다 더 확실하게 억제력을 갖출 수 있는 장점이 있다.

다만 전술핵 재배치와 미국과의 핵 공유 협정 체결은 주변국, 특히 중국을 자극할 우려가 크다. 한국은 미국 핵우산의 보호를 받고 있는 만큼 실질적인 필요성이 낮고, 한반도가 북한뿐 아니라 중국 전략무기의 목표가 되게 함으로써 안보 위기를 오히려 심화시킬 수 있다는 지적도 있다. 이 같은 반발을 무마하기 위해서는 국내에서

제주도 상공을 비행 중인 F-15K　　　　　　　　출처: 대한민국 공군 홈페이지

고조되고 있는 자체 핵무장 여론을 활용해 미국의 동의를 얻거나, 중국 등 주변국들의 우려를 불식시키기 위해 일정 기간의 북핵 협상 기간을 정한 뒤 그때까지 협상의 진전이 없을 경우에만 배치하고 이후에라도 북한이 핵을 포기하면 재철수한다는 공약을 내거는 등 유연성을 발휘할 필요가 있다.

　주변국을 자극하는 전술핵 재배치나 핵 공유 협정 체결 대신 한미 상호방위조약을 개정해 북핵 억제력을 높이는 방안도 있다. 1953년 체결한 뒤 한 번도 손질하지 않은 한미 상호방위조약을 개정하는 것이 가장 상징적이면서도 실질적인 조치라는 지적이다. 미국은 한국 외에도 NATO와 필리핀, 대만, 일본과 상호방위조약을 체결했다.

　NATO의 경우 한 회원국에 대한 무력 행사를 전체 회원국에 대한 공격으로 간주하고, 무력 지원을 포함해 상호 원조를 한다고 규정하고 있다5조. 하지만 한미 상호방위조약은 각자의 헌법적 절차에 따라 행동한다고 돼 있다3조. 따라서 미국은 핵무기 사용을 위해 의회 동의를 얻어야 한다. 따라서 한국이 북한으로부터 핵 공격을 받았을 때 미국이 즉각 핵 보복에 나설지 확신할 수 없다는 우려가 폭넓게 제기돼왔다. 한미 상호방위조약에도 NATO와 같은 자동 개입 조항을 포함시켜야 된다는 주장도 적지 않았다. 미국의 개입 근거를 '외부로부터의 무력 침공'으로만 기술하고 있는 2조를 개정해 핵무기 등 대량살상무기의 위협을 추가해야 한다는 의견도 있다.

북한 핵실험 등 위기 때마다 한반도에 전개하는 미국 전략폭격기에 진짜 전술핵을 탑재하는 옵션도 있다. 일반적으로 미국은 전략폭격기에 실린 무기를 공개하지 않고 있다. 그동안 한반도에 전개된 미 공군 B-2 스텔스 폭격기나 B-52 전략폭격기는 무기고를 비웠거나 재래식 무기를 탑재했던 것으로 알려져 있다. 앞으로는 실제 핵무기를 탑재한 상황을 비공식적으로 알리는 전략적 모호성으로 북한을 압박한다는 것이다.

북한을 포함한 잠재적 위협에 대비하고, 우주 기술을 확보하기 위해 미사일 사거리 연장도 논의할 필요가 있다. 한국은 현재 탄도미사일을 800㎞까지 발사할 수 있는 반면 북한은 사거리가 1만 5,000㎞에 달하는 대륙간탄도미사일을 개발 중이다. 기술과 잠재력 확보를 위해서라도 한미 미사일 지침에 대해 새로운 접근이 필요하다.

선제타격 첨단무기 확충

한반도판 MAD 전략의 시작은 한미 동맹을 보다 굳건히 하고, 핵에 버금가는 위력을 가진 첨단무기를 통해 북한 핵·미사일 위협에 대한 억제력을 확보하는 것이어야 한다. 특히 미사일 등 북한의 움직임이 감지됐을 때 선제타격을 할 수 있는 무기들을 대폭 늘려야 한다. 우선 북한 수뇌부 타격을 위해 지하시설 타격이 가능한 타우러스 미사일을 추가적으로 도입하고, 타우러스 미사일을 투발할 수 있는 첨단 전투기도 더 확보해야 한다.

북한 지휘부의 통신 체계를 마비시키는 전자기펄스EMP 폭탄과 레이더망을 피해 정밀타격이 가능한 스텔스 무인기 필요성도 제기된다. 미국의 최신예 스텔스 구축함 '줌월트Zumwalt'의 한국 배치를 추진하는 것도 검토 대상이다. 줌월트호는 스텔스 기능을 갖춰 레이더망에 포착되지 않는 데다, GPS로 유도되는 장거리포를 30분에 600발 이상 발사할 수 있는 막강한 화력을 보유하고 있다. 또 사거리가 160㎞에 달하는 155㎜급 함포를 장착하고 있으며, 배 뒷면 갑판은 헬리콥터와 무인기의 이착륙이 가능하고 최첨단 레이더 장치를 갖추고 있어 '항공모함 킬러'로도 불린다.

대량응징보복 작전의 수단은 미사일뿐 아니라 특수전 부대도 해당된다. 정부는 전쟁의 피해를 최소화하기 위해 예방적 자위권 차원에서 북한 지도부를 참수할 수 있는 역량을 확보해야 한다. 특수

부대가 적 중심 깊숙이 투입돼 작전을 성공적으로 전개할 수 있도록 전자 교란기, 통신 교란기 등을 장착한 대형 수송기 등 필요한 장비를 조속히 확보해야 한다. 해병 부대 역시 해안을 통해 강제 진입 작전을 수행할 수 있도록 대형 고속 수송 선박들을 지정하고, 상륙 기동 헬기도 추가적으로 확보해줘야 한다. 이들이 적진에서 작전을 지속할 수 있도록 작전 지원 체계를 구축하고, 임무 수행 후 적의 방공망을 피해 무사히 귀환할 수 있는 회전익 항공 수단 등을 부여하는 것이 가능해져야 한다.

무기 체계와 장비가 문제가 아니라 대통령이 지침을 하달하면 24시간 또는 48시간 내에 적진 깊숙이 투입되어 작전을 구사할 수 있는 군의 역량과 의지가 중요하다. 우리 군이 주력해온 단계별, 축선별 전투 방식에서 벗어나 보다 공세적인 작전 계획, 전술, 태세가 갖춰져야 한다.

전문가들은 선제타격에 가장 효율적인 무기로 잠수함발사탄도미사일을 꼽는다. 적의 탐지망을 피해 은밀하게 타격을 할 수 있기 때문이다. 특히 북한 지휘부에 대한 참수 작전을 위해서는 수송기와 헬기 등 유사시 공세 기동 전력을 즉각 북으로 투사할 수 있게 해주는 항공 운송 수단 확보가 시급하다는 지적도 나온다.

북한 핵과 미사일 위협을 억제하기 위한 전제 조건은 한미 동맹 체제 강화인 만큼, 현 동맹 체제를 굳건히 유지하면서 위협에 대비해야 한다. 한국은 트럼프 행정부와 가칭 '북핵 위협 제거를 위한 공동 이니셔티브Joint Initiative for NK Nuclear Threat Eradication'를 합의하고 이를 위한 군사 및 외교적 수단을 포함해 가능한 모든 방법을 동원하여 핵 위협을 차단하고 종결시키는 것을 목표로 노력할 필요가 있다. 양국 정부는 특히 기술 협력을 통해 북한의 공격력을 무력화할 수 있는 대응 수단 개발에 최선을 다해야 한다. 대응 수단 개발은 다음 세 가지를 염두에 두고 진행한다.

첫째, 미사일 및 전략무기들의 정확도를 대폭 향상시킨다. 둘째, 핵무기 탐지 능력을 갖춘 센서 개발에 총력을 기울인다. 셋째, 데이터 프로세싱과 커뮤니케이션 능력을 대폭 향상시킨다. 한미 양국이 확보한 과학 기술의 우위를 적극 활용해 북한의 핵무기와 핵무기 제작에 필요한 물질을 식별하고, 이동식 발사대의 위치와 특징을 파악할 수 있는 차세대 센서와 처리 기술을 개발하는 데 총력을 기울여야 한다. 특히 방사선 영상 기술, 탐색 및 위치 결정 기술, 탐지 기술, 컴퓨터 시각 기술, 운반체 물질 추적 기술을 개발하는 데 적극 투자해야 한다. 미국 레이건 행정부 시대에 등장한 우주 전쟁Star Wars의 핵심 개념은 소련 전체를 대낮처럼 환하게 들여다본다는 것이었다. 우리 역시 북한 내 모든 타격 자산의 움직임과 수뇌부의 동선을 파악하는 데 집중해야 한다.

한미 동맹뿐 아니라 NATO와의 안보 협력도 강화해야 한다. 프랑스와 이탈리아가 감시용 소형 위성 자산을 대체하기 위해 개발한 '스트라토부스'는 성층권에서 작전을 수행할 수 있는 비행선으로 인공위성과 드론의 장점만을 고루 갖추고 있다. 고도 20㎞ 지점에서 5년간 체공하며 500㎞에 달하는 범위를 감시할 수 있다. 이 같은 신기술을 확보하는 데 총력을 기울일 필요가 있다.

5중 방어 체계로 난공불락 방패망 구축

정부는 국민들을 위협으로부터 보호하기 위해 한반도 하늘을 난공불락의 방패망으로 방어하는 노력을 해야 한다. 북한의 핵·미사일 고도화로 전략 상황이 바뀌었다는 점을 반영해 한국형 미사일 방어 체계를 원점에서 전면 재검토해야 한다. 한반도 하늘에 '5중 방어 체계'를 구축해 이스라엘처럼 난공불락의 요새를 만들자는 것이다. 북한이 고체연료 미사일 북극성 2형을 시험 발사한 상황에서 한국형 미사일 방어 체계의 중요성은 한층 더 커진 상황이다. 하지만 지금 구상으로는 북한의 위협을 막기에는 한계가 있다. 저고도 방어 수단만 갖추고 있기 때문이다.

한국형 미사일 방어 체계는 미국제 패트리엇 PAC-2·3를 근간으로 하고 있다. 지난 2008년 독일에서 중고로 도입된 PAC-2는 적이 발사한 미사일 근처에서 폭발하는 파편형 요격 체계로 요격률이 70%에 그치는 실정이다. 이에 군은 미사일을 직접 맞춰 요격하는 방식으로 요격 성공률을 높인 PAC-3로 개량하는 작업을 진행해왔고, 빠른 시일 내에 실전에 배치할 계획이다.

하지만 PAC-2·3는 북한 미사일을 고도 60㎞ 이하에서 요격하는 하층방어 체계라는 한계가 있다. 요격고도가 15~20㎞ 수준에 불과하다. 북한이 보유한 노동·무수단·잠수함발사탄도미사일을 고각高角으로 발사한다면 현재 한국이 갖추고 있는 미사일 방어 체계로는 막을 방법이 없다.

군은 요격미사일인 중거리 지대공미사일 '천궁'의 개량형 중거리 지대공미사일 M-SAM과 장거리 지대공미사일 L-SAM을 개발 중에 있다. M-SAM은 요격고도가 20~25㎞까지 가능하며, L-SAM은 40~60㎞까지 요격할 수 있다.

하지만 M-SAM은 2018년, L-SAM은 2023년까지 전력화할 방침이다. 그러나 북한의 미사일 기술이 이미 고도화된 상황에서 2023년은 너무 늦다.

PAC-2·3와 L-SAM, 요격고도가 40~150㎞인 사드와 함께 이지스함에서 발사하는 초고고도 요격미사일인 SM-3 요격고도 70~500㎞의 배치를 서둘러야 한다. 특히 북한이 장사정포 5,500여 문으로 수도권을 포위하는 상황에서 아이언돔 도입도 검토할 필요가 있다. 인구 밀집 지역에 자칫 1발만 떨어져도 막대한 손실이 불가피한 만큼, 5중 방어 체계 구축이 절대적으로 필요하다.

비록 사드가 배치됐지만, 수도권 방어에는 한계가 있는 만큼 다층 방어를 구축해야 한다. 이스라엘의 요격미사일 시스템 '애로우 3'와 아이언돔 등을 확보하는 방안을 고려해야 하는 것이다.

북한의 이동식 발사대를 추적할 수 있는 군사정찰위성의 전력화도 군이 예정하는 2023년에서 최대한 앞당겨야 한다. 북한의 탄도미사일 기술이 빠른 속도로 고도화하는 상황에서 공백이 크기 때문이다. 현재 군은 2015년 우주정보상황실을 개설해 우주 작전을 위한 첫 걸음마를 뗀 상태다.

군사강국들은 이미 인공위성 방어 작전에 집중하고 있고, 인공위성으로 얻은 정보를 통합해 지상과 해상, 공중의 작전을 지원하고 있다. 미국은 공군은 물론 육군과 해군, 해병대에도 우주병과를 별도로 운용하고 있다. 중국은 대위성 공격을 갖췄고, 일본 역시 2015년 '신우주기본계획'을 수립해 10년간 우주 작전 역량 개발에 집중할 계획이다.

한국 공군은 조기경보위성 체계 구축을 2030년까지, 우주 기반 레이저무기 체계를 2040년까지 각각 확보한다는 계획을 세웠다. 그러나 그때까지 기술이 갖춰진다는 보장도 없고, 구체적인 실행 계획도 제대로 수립되지 않았다. 주변국과의 우주 작전 수행 능력 격차는 벌어질 수밖에 없다는 뜻이다. 우주 작전에서 우위를 상실하면 미래의 전장 환경에서 결코 승리를 보장할 수 없고 한국의 영공조차 지키기 어렵다. 우주 작전 역량 개발 계획을 시급히 앞당겨야 하며, 역량이 갖춰질 때까지는 미국과 일본의 위성을 활용하는 방안도 모색해야 한다. 미국은 이미 일본과 공동 우주 정찰 계획을 진행 중이다.

사이버 역량 강화, 한국판 '스턱스넷' 만들자

사이버 분야에서의 방어망도 필요하다. 북한이 외부 인터넷과 분리된 군의 내부 전산망을 해킹하게 된 것은 매우 충격적인 사건이다. 사이버 침해를 예방하기 위한 특단의 대책을 마련해야 한다. 프랑스나 독일 수준으로 관련 법령을 정비하고 국가 기밀을 적극적으로 지켜나가야 한다. 김정은은 2013년 군 간부들에게 사이버 공격은 핵·미사일과 함께 우리 군의 만능의 보검이라고 강조했다. 북한의 사이버전 능력은 세계 6위에 해당한다. 김일성 군사대에서는 매년 1,000명을 대상으로 교육을 실시하며 사이버전 인력을 양성하고 있다.

이란의 원자력발전소를 멈춰 세웠던 사이버 공격 무기 '스턱스넷'처럼, 북한의 핵시설을 은밀하게 파괴할 첨단 바이러스 개발도 필요하다. 우리는 북한의 반복되는 사이버 공격으로 인해 막대한 피해를 보고 있지만 대응은 미약하다. 미국이 소니픽처스 해킹에 대해 북한 정부의 주요 웹사이트를 마비시키는 강력한 보복을 시도한 것과는 매우 대조적이다. 북한의 핵과 원자력 시설을 중단시킬 수 있는 강력한 공격 수단을 만들어야 하며 북한의 사이버 공격에 대해 국제 규범에 맞게 교전 규칙과 대응 지침을 마련해야 한다.

이를 위해 군의 사이버 요원들의 역량을 대폭 강화해야 한다. 4년 전 창설한 고려대 사이버국방학과 졸업생들과 같은 우수 인력들을 추가로 확보하기 위해 우수 대학들과의 학군 연계를 확대해야 한다. 또한 이들 사이버 요원들에게 정보통신병과가 아닌 사이버병과로 주특기를 부여하고 이들의 활용성을 확대해가야 한다.

북핵 억제 체제로 군 전면 개편

육군 중심으로 구성된 군을 북핵 억제 체제로 전면 개편해야 한다. 북한의 지휘부와 위험 시설을 효과적으로 타격하기 위해서는 육군뿐 아니라 해군·공군과 균형을 맞춰야 하기 때문이다. 국방 개혁에서 성과를 내고, 군인연금을 개혁해 국방 예산을 효율화해야 한다. 국방력 보강을 위한 안보 추경추가경정예산 편성도 고려할 필요가 있다.

현재 한국군은 북한의 재래식 무기 위협을 전제로 육군 중심의 전력을 갖춘 상태다. 실제 한국은 재래식 무기에 있어 북한군을 압도하고 있다. 북한에 대한 억제력이 확고하다는 의미다. 하지만 북한은 1990년대 중반 이후 재래식 군비 경쟁에서의 열세를 만회하기 위해 핵·미사일 등 대량살상무기를 구축하기 시작했다. 북한의 핵·미사일 기술이 발전하면서 한국 또한 재래식 무기보다는 핵·미사일에 대한 대응 체제로 전환해야 한다는 지적이 제기되는 배경이다.

특히 북한의 핵·미사일 공격이 임박했을 때 선제타격을 하는 '킬체인'의 핵심은 공군력인 만큼, 공군의 전력을 확대해야 한다는 주장이 나온다. 또 북한을 은밀히 타격하는 데에 효과적인 잠수함 전력을 강화하는 차원에서 해군력 강화가 뒤따라야 한다는 목소리도 높다.

한국군의 '육군 편중'은 어제오늘 일이 아니다. 군 장성 가운데 육해공군 비중은 이를 단적으로 보여준다. 2016년을 기준으로 군 장성 가운데 육군 소속 장성은 72%에 달한다. 해군11%, 공군14%에 비해 압도적으로 높은 수준이다. 하지만 미군의 군 장성 비중은 육군 33%, 공군32%, 해군26%이 균형을 맞추고 있다.

이와 함께 국방력 강화를 위해 예산을 효율적으로 쓸 수 있도록 국방 개혁에 속도를 내야 한다. 군 효율화를 위해 강력한 자구책을 내놓고, 병력 감축에 따른 구체적 절감분을 전력 증강에 재투자해 군도 뼈를 깎는 효율화 노력에 동참해야 한다는 것이다.

정부가 추진해야 할 국방 개혁의 핵심은 과거 영국 정부가 추진했던 '프런트라인 퍼스트Frontline First'와 같이 싸우는 전술제대창끝부대가 강력한 힘을 발휘할 수 있도록 군의 체질을 바꾸는 데 있다.

국방 개혁에 관한 법률을 개정해 현재와 같은 연동계획식의 장기계획에서 과감하게 벗어나야 한다. 우선순위를 중심으로 대통령 임기 내에 달성 가능한 목표들을 선정하고 이를 집중적으로 추진해야 한다. 국방 개혁은 국민적 관심과 지원이 생명이다. 또한 일반적인 전력 증강이나 군 현대화 계획과도 구분되어야 한다. 따라서 작전

개념과 독트린, 싸우는 방식에 있어서 혁신적인 변화를 수반해야 하며 과감한 군 구조의 개편과 병력 감축이 포함돼야 한다.

개혁 성공을 위해서는 대통령의 의지와 안보 철학이 무엇보다 중요하다. 대통령 직속 안보실을 확대 개편해 전쟁 기획 및 핵·미사일, 생물학 무기의 위협으로부터 국민들의 안전을 책임질 수 있는 현장 대응 능력을 갖춘 새로운 형태의 국가 기구도 설치해야 한다. 이 기구는 핵과 미사일, 생물학 무기를 동원한 중대한 위협으로 발생할 수 있는 모든 사태에 신속하게 대응할 수 있는 현장 지휘 체제를 구축하고 대통령의 지휘·감독 아래 전국 단위까지 조직을 일사불란하게 관할할 수 있어야 한다.

군사력 증강을 위한 예산 증액도 검토할 필요가 있다. 현재 정부 예산의 10%, GDP의 2.4% 수준의 방위비 규모로는 북한의 위협 제거에 필요한 군사력을 확보하기 어렵다. 다만 군 효율화를 위한 강력한 자구책 마련이 먼저다. 병력 감축에 따른 구체적 절감분을 전력 증강에 재투자해 군도 뼈를 깎는 효율화 노력에 동참해야 한다. 프런트라인 퍼스트 정신에 입각해 전투 임무를 담당하는 전술제대에 인원을 증강하되, 고위 사령부와 상부 부서 등의 행정 인력은 과감히 줄여야 한다.

특히 군 예산 집행의 비효율을 차단하기 위한 획기적인 혁신 노력이 필요하다. 집행률을 최대한 끌어올리기 위한 특단의 대책을 강구해야 한다. 현재 전력 증강에 대해 투명성을 강조하다 보니 누구도 책임지지 않는 분위기가 만연해 있다. 또한 군별로 예산 집행이 진행되다 보니 기능별 통합이 이루어지기 어려운 구조다. 특히 무기 체계 선정에 있어서 특정 병과별 이해관계나 군종별 이해관계를 극복할 수 있는 새로운 우선순위가 부여될 수 있도록 정책 결정 구조에 있어서도 과감한 혁신을 모색해야 한다.

방산 비리가 줄어들지 않다 보니 국민의 대군 신뢰가 심각한 문제가 되고 있다. 이러한 상황이 지속되다 보니 현재 방사청과 국방부에는 감사원과 검찰에서 파견된 인원들이 상주하며 감시하는 단계에 이르렀다. 이러한 현상으로 인해 군 전력 분야에 대한 우수 인력의 기피 현상이 발생해 미래 세대 확보를 어렵게 만들고 있을 뿐이다. 누구도 소신에 입각한 결정을 내리지 못하고 규정에 어긋나지 않도록 소극적으로 일하다 보니 비효율을 피하기 어렵다. 따라서 정부는 전력 증강 사업의 책임성을 강화하는 차원에서 획기적인 변화를 결심해야 한다. 각 군과 국방부·합참·방사청으로 책임이 분산되어 있는 현 체제를 하나로 연계하고, 보다 투명하고 효율적인 획득 체계를 보장하는 구조 개혁을 단행해야 한다.

이 같은 노력과 함께 군은 군사력 증강 5개년 계획을 발표해 북 위협에 대비한 한국형 3축 체계 구축에 집중적으로 투자해야 하며, 정부 임기 내에 북한 위협을 제거할 수 있는 시스템 구축을 완성한다는 각오로 우선순위를 조정해 국민들에게 공감대를 얻어나가야 한다. 3축 체계와 북한의 전략 목표에 대한 공세 역량에 필수적인 긴급 소요를 파악해 군사력 증강 5개년 계획에 반영하도록 해야 한다.

필요하다면 추경 편성으로 현재의 안보 위기를 극복할 수 있는 예산을 투입할 필요도 있다. 역대 정부는 출범 첫해 추경 편성을 거듭했던 것이 사실이다. 새 정부가 꾸려진 만큼 국방력 보강을 위해서 안보 추경 편성을 진행하자는 의미다.

님비 현상 확대에 따른 군 훈련장, 사격장 등의 부족과 관련해서도 대안을 모색해야 한다. 개별 단위 부대마다 훈련장을 별도로 확보하는 방식에서 탈피하고 대규모 종합 훈련장을 마련해 체계적인 훈련이 가능한 방향으로 운용해야 한다. 시민단체와 지방자치단체와의 갈등 및 각종 민원으로부터 군이 본연의 임무에 전념할 수 있도록 외풍을 차단해줘야 한다.

방위 산업을 4차 산업혁명 선도자로

방위 사업의 성공은 과학과 리더십의 연결이 관건이다. 정부는 새로운 과학 기술을 군사적으로 활용하는 데 보다 적극적인 관심을 갖고 지원해야 한다. 소형 무인항공기나 드론을 요격하는 레이저무기 기술 개발, 적의 전력망을 마비시키는 탄소섬유탄, 장사정포에 대응하기 위해 드론화 지능자탄을 사용하는 체공형 스텔스 전술 타격 체계 개념 연구, 해상에서 24시간 감시정찰이 가능한 무인수상정 기술 개발과 로봇 기술을 활용한 착용형 상하지 근력 증강 기술 등이다. 이러한 무기 체계가 성공한다면 매우 유용하겠지만 무기 개발 특성상 2020년대 후반에나 가능할 것으로 전문가들은 판단하고 있다.

이 외에도 병력 감축과 국방 운용 효율화를 극대화하기 위한 조치로 각종 4차 산업 관련 신기술을 적용해 업무 자동화, 지능화, 스마트화를 시도하고 있다. 그러나 경계 인력을 최소화하기 위해 도입하기로 한 비무장지대DMZ 무인 경계 시스템은 아직도 기온 변화 등에 취약점이 많다. 인공지능 지휘결심 체계 기술이나 인공지능 병사 고충 상담 시스템 개발 등은 여전히 아이디어 수준에 머물러 있다. 이를 위해서는 정부의 남다른 관심과 지원이 필요하다. 몇 가지 상징적인 아이템을 개발하는 수준에 그쳐서는 안 되며, 국방 전 분야에서 창조적 접근이 가능하도록 군의 조직 문화가 개방되어야 한다.

저비용, 고효율의 효과를 거두기 위해서는 민간 부분에 이관할 부분은 과감하게 책임 경영제로의 전환이 이루어져야 하며 양방향 의사소통이 가능해야 한다. 실패할 가능성이 있는 것을 연구할 수조차 없다면 창조국방이 성공할 수 없다. 무엇보다 국방과학연구소ADD의 연구개발 성과가 현저히 제고돼야 한다. 1970년대 초 자주 국방을 기치로 창설할 당시 국방과학연구소는 대통령의 각별한 관심 아래 대학보다 높은 봉급, 아파트 지급 등 처우 면에 있어서도 특별대우를 받았고 자긍심이 높았다. 1978년 백곰 사업에 의해 유도탄 발사를 최초로 성공했던 당시 과학 기술자들은 애국심이 가득했다.

그러나 국방과학연구소는 2000년대 중반까지 국방부의 통제를 받다가, 2006년부터는 방사청 소속으로 전환되면서 상대적으로 연구 여건이 악화되고 있다. 따라서 이들이 보다 안정적으로 임무를 수행할 수 있게 소속 전환을 검토해볼 필요가 있다.

또한 기술 개발을 국방과학연구소에만 의존해서는 안 된다. 보다 폭넓게 과학계와 공학 분야의 인재 풀을 활용해야 하며, 이들의 축적된 지식과 경험을 통해 정보통신기술 및 인공지능과 함께 4차 산업혁명의 핵심 기술로 꼽히는 사물인터넷IoT, 클라우드 컴퓨팅Cloud Computing, 빅데이터Big Data, 모바일Mobile 등의 전문가들과 군사 과학 분야 전문가들의 적극적인 교류가 필요하다. 방산업체 역시 달라져야 한다. 보다 장기적 관점에서 연구개발에 투자해줘야 하며 미래형 무기 개발에 관심을 갖는 중소업체들과 청년 벤처들의 인큐베이팅에도 관심을 갖고 지속적으로 지원해야 한다.

정부는 방위 산업을 활성화하기 위해 새로운 아이디어를 장착한 신진 사업가들과 청년 과학자들의 참여를 대폭 확대하도록 기존 장벽을 제거해주고, 정보를 공유하며 이들에게 각종 지원을 아끼지 않도록 해야 한다. 특히 4차 산업혁명 기술의 군사 부문 활용을 위해 '민군 기술 협력 로드맵'을 재편하고 이를 달성하기 위한 구체적인 실행 방안을 제시해야 한다.

02

'코리아 패싱' 차단 위한
외교력 강화

그랜드 크로스 외교 전략으로 북한 포위

한반도 비핵화를 위해서는 지속적인 대북 압박을 유지해야 한다. 주변국과 국제사회와 함께 분명하고도 검증 가능하고 불가역적인 비핵화를 추진해야 한다. 북한의 태도가 완강하다 해서, 중국이 북한을 감싸고돈다고 해서 비핵화 입장에 양보가 있어서는 안 된다. 우리가 물러서는 순간 한반도 비핵화는 요원한 일이 된다. 한반도 비핵화를 위해서는 북한의 핵보유 의지를 무너뜨려야 한다. 김정은 정권은 핵무기를 보유하고 시간이 지나 국제사회의 제재를 완화시킨다면 핵보유국으로 인정받고 자신들의 체제를 유지해나갈 수 있다고 판단하고 있는 것으로 보인다. 이러한 북한의 셈법을 바꾸지 않고서는 아무리 많은 대화를 한다 해도 북한에 시간만 벌어다주는 결과를 야기할 뿐이다. 따라서 북한이 진정성 있는 비핵화 대화로 나오도록 압박을 강화할 필요가 있다.

이를 위해 한국은 공고한 한미 동맹의 틀 안에서 북핵 외교의 범위를 '십+자' 형태로 넓히는 그랜드 크로스Grand Cross 외교 전략을 수립해야 한다. 현재 북핵 외교는 미국과 중국, 일본에 국한된 게 사실이다. 이들 국가를 세계 지도 위에 표시한다면 '일―자' 형태다. 그랜드 크로스 외교는 여기서 한발 더 나아가 한국의 외교 영역을 거대한 십자 형태로 넓히자는 것이다. 북쪽으로는 러시아, 남쪽으로는 아세안과 호주, 서쪽으로는 인도로 영역을 확장하자는 의미다. 동북 아시아에서 영향력 확대를 원하는 러시아와 관계를 돈독히 하면 대중 관계에서 안전판을 확보할 수 있다.

우선 그랜드 크로스 외교 전략에서 한미 동맹 강화는 가장 중요한 필수조건이다. 4강에 둘러싸인 한국은 지정학적 여건상 독자적인 힘으로 외교 목표를 달성하긴 어려운 게 현실이다. 한국이 처한 북한의 군사적 위협이나 자유 민주주의와 시장경제, 인권 존중의 가치 등을 고려할 때 우리에게 최고의 파트너는 미국이기 때문이다.

공고한 한미 동맹의 틀 안에서 북핵 문제에 대한 조율이 이뤄져야 한다. 한국과 미국 간에 입장차가 존재하게 되면 북핵 문제 해결은 제대로 시작조차 할 수 없다. 군사적 접근에 대한 공감대도 중요하다. 주한미군의 사드 배치를 안정적으로 이뤄내고, 방위비 분담금 협상을 잘 진행해야 한다. 또 미국이 "한국을 미국 본토 수준으로 방어하겠다"며 제공하기로 약속한 확장 억제Extended Deterrence의 실질적 내용을 업그레이드해야 한다. 북한이 두려워하는 미국의 전략자산을 한반도에 상시 배치하는 방안도 발전시켜야 한다.

미국 다음으로 중요한 국가는 중국이다. 미국과 협의 후 중국과 정책을 조율해야 한다. 중국은 2개의 한국을 선호하고, 심지어 북한의 핵무기 개발에 있어서도 이 원칙에 위협이 될만한 조치를 하지 않는다는 비관적인 시각이 있는 것도 사실이다. 하지만 중국은 이웃 국가이자 북핵 해결의 열쇠를 쥐고 있다. 앞으로 미·중 관계의 변화에 따라 중국이 북핵 문제 해결에 보다 긍정적인 영향력을 행사하는 시기가 다가올 수 있다.

일본과는 역사 문제를 넘어서는 협력으로 미래 지향적 관계를 구축해야 한다. 일본에 올바른 역사 인식을 촉구하고 이러한 원칙에 기반을 둔 한일 관계를 맺도록 노력하면서도, 역사 문제와 별개로 필요한 협력이 존재한다면 이를 진행하는 투 트랙Two-Track 접근이 필요하다. 한국과 일본 간에 상호 이익이 될 수 있는 안보와 경제 협력의 영역을 잘 발굴해나간다면 이는 역사 문제 해결에도 도움이 될 것이다.

새롭게 추가되는 종적 영역에는 러시아를 대표적 국가로 꼽을 수 있다. 러시아의 경우 극동 지역 경제 개발에 사활을 걸고 있고, 따라서 한국과 협력할 수 있는 여지도 많다. 동북아 지역에서의 영향력 확대를 원하는 러시아와 관계를 돈독히 할 경우 대중 관계에서 안전판을 확보할 수 있고, 대북 관계에서도 지렛대로 활용할 수 있다. 따라서 러시아와 실질적 협력 영역을 발굴해야 한다.

그간 한·러 관계에는 극동 지역 경제 협력, 러시아 가스 파이프라인 사업, 남·북·러 협력 사업, 유라시아 이니셔티브 등 수많은 협력 구상들이 존재했다. 그러나 러시아 극동 지역의 낮은 시장성과 북한 문제로 인한 협력의 한계로 이들 사업 대부분은 모두 공허한 구상으로 그치게 되었다. 따라서 과연 한·러가 함께 이익을 창출할 수 있는 협력의 영역이 무엇이 있는지부터 차분히 따져봐야 한다. 그렇지 않고서는 공허한 외교적 수사만이 반복되며 실질 협력의 수준은 미진한 상황이 반복될 것이다.

이 밖에 남쪽으로는 북한과 전통적으로 우호 관계인 아세안 지역 국가들과의 교류를 확대하고, 인도·호주와의 교류도 확대할 수 있는 방안을 모색해야 한다. 이를 통해 북핵 문제 해결의 추진력을 강화할 수 있을 것이다.

그랜드 크로스 외교 전략은 유엔 안보리 결의 2270호와 2321호에 의거한 대북 경제 제재가 실효적으로 이행될 수 있도록 하는 데에 주안점을 둬야 한다. 북한의 최대 외화 수입원인 석탄 수출까지도 제한하는 제재 결의가 이루어졌고, 중국 또한 북한의 신형 미사일 북극성 2호 발사 실험 이후 북한산 석탄 수입을 중단하는 발표를 한 바 있다. 미국, EU, 일본, 호주 등은 북한에 대한 독자적인 제재를 추진하고 있는데 이러한 제재들이 지속적으로 유지되고 강화될 수 있도록 국제사회와의 협력이 필요하다.

이와 함께 한국은 미국과 중국이 함께 기존의 제재를 넘어서는 새로운 형태의 대북 압박을 추진해나가는 데 합의할 수 있도록 '촉진자' 역할을 수행해야 한다. 이 과정에서 중요한 것은 북핵 문제 해결을 한국이 주도하겠다는 욕심을 버리는 것이다. 북한 핵 문제는 미국과 중국 간의 또 다른 차원의 대결이다. 그 대결에서는 북한도, 그리고 한국도 하나의 수단이 될 수 있다는 현실적 인식이 필요하다. 따라서 우리는 북한 핵 문제 해결을 주도한다는 생각보다는 북한 핵 문제 해결을 위한 미·중 간 협력을 촉진하는 데 목표를 두어야 한다.

이를 위한 현실적 대안을 강구하고 미국과 함께 중국을 설득하는 작업이 필요하다. 무엇보다도 북한 비핵화를 위해서는 보다 강도 높은 압박을 전개하고, 김정은 정권이 체제 유지냐 핵무기냐를 선택해야만 하는 상황을 만드는 것이 한국과 미국은 물론이고 중국의 이익에도 부합한다는 점을 공감하도록 만들어야 한다. 그리고 만일 중국이 이러한 노력에 동참하지 않으면 미국과 국제사회로부터 보다 강도 높은 압박을 받을 수밖에 없다는 인식을 심어주어야 한다. 이러한 공감대를 통해 자연스럽게 미·중 간 협력이 이루어지는 구도를 만들어나가야 할 것이다.

추가적인 새로운 압박 수단은 다양하다. 그러나 그 무엇보다도 중국이 북한에 제공하는 원유 수출을 제한하는 것이 가장 효율적이고 직접적인 것이 될 수 있다. 대북 원유 수출 중단은 이미 2003년 북한의 6자회담 참여를 낳는 계기를 제공한 바 있다. 마찬가지로 중국을 설득해서 북한에 대한 원유 수출을 중단한다면 북한은 손들고 비핵화 대화에 나올 수밖에 없다.

중국의 참여를 독려하기 위해 어떤 보상을 지불해야 할 것인가. 미국과의 전통적 경쟁의식을 고려할 때 중국이 미국의 압박이 아무리 강력하다 해도 그것에 굴복하는 모습으로 북한에 대한 제대로 된 제재를 이행할 가능성이 높지 않다. 따라서 중국의 체면을 고려한 대중 유인책을 전개할 필요가 있다. 이를 위해 그간 중국이 제안한 비핵화 대화 관련 입장을 분석하고 그 일부를 수용하는 한편, 중국에는 북한이 비핵화 대화에 복귀하지 않을 경우 원유 송출 중단까지 포함한 강력한 대북 제재를 추진하는 것으로 의견을 조율할 필요가 있다.

토털 코리아로 외교력 총결집

정부는 물론 기업, 국회, 학계, 지자체의 역량을 모두 결집해 한 가지 외교 목표를 향하는 외교 총력전도 필요하다. 이른바 '토털 코리아' 외교다.

일본은 정부와 기업, 의회가 합심해 총력외교를 펼쳤고, 그 결과 미·일 정상회담에서 미국과 동맹 강화라는 성과를 냈다. 아베 일본 총리는 미·일 정상회담을 앞두고 미국 사정에 밝은 토요타 사장과 만나 트럼프 대통령의 예측불허 공세에 대응할 전략을 논의했다. 아베 총리는 자신과 관계가 소원한 전직 총리를 푸틴과 가깝다는 이유로 과감히 러시아 특사로 파견하기도 했다. 이것이 일본식 외교 총력전의 사례다.

토털 코리아Total Korea 외교는 쉽게 말해 모든 국가의 구성원들이 함께 실행하는 외교다. 우리도 이를 참고해야 한다. 과거 우리의 외교 정책은 소수만의 독점적 행위로 인해 그 이행에 있어 많은 문제점을 양산했다. 의사결정의 배경이나 정보의 공유가 확산되지 못해 그들만의 외교로 전락하고 국민적 공감대 형성은 부족했다. 이러다 보니 외교에 국가적 역량을 집약하지 못하는 문제가 발생하곤 했다.

전략을 세운다 해도 그 이행이 제대로 이루어지지 못한다면 결국 실패하기 마련이다. 따라서 외교의 기동성 확보도 중요하다. 전략의 내용은 새롭게 탄생하는 정부의 정치적 색채에 따라 바뀔 수 있지만 우리 외교의 기동성 확보는 정파에 관계없이 개선해나가야 한다.

먼저 우리 외교의 속도감을 높이기 위해서는 정보의 공유와 배급이 필요하다. 사드 문제를 예로 들면 앞서 언급한 '3 No' 정책으로 인해 우리 국민 대부분은 사드의 효용성이 무엇인지, 왜 필요한지, 부정적 효과는 얼마나 될 것인지 알지 못한 채 정부의 결정을 지켜보게 됐다. 동시에 사드 배치 결정 이후 그간의 과정에 대해 보다 풍

부한 배경 설명을 해야 했음에도 문제의 확산을 두려워해서인지 제대로 된 정책 홍보가 이루어지지 못했다. 그 결과 사드는 아직도 많은 국민들의 부정적 인식에 직면해 있다. 따라서 야당이나 국민과의 소통을 위한 정보의 공유와 배급은 의사결정 과정뿐만 아니라 의사결정 이후에도 지속적으로 이루어져야 한다.

외교를 담당하는 고위급과 실무진들도 보다 전략적이고 적극적인 동선을 보여줄 필요가 있다. 최근 들어 대통령이나 외교 장관의 해외 출장이 적지 않다. 비행 거리로 볼 때 이명박 대통령은 노무현 대통령보다 더 많은 비행 거리를, 박근혜 대통령은 첫 3년 동안 이명박 대통령 못지않은 비행 거리를 보여주었다. 그러나 전략적 필요에 따라 얼마나 신속하게 움직여왔는지에 대해서는 아직도 아쉬움이 제기되고 있다. 물론 이러한 문제 지적은 시진핑 중국 국가주석이나 아베 신조 일본 총리의 적극적인 외교 행보 속에서 상대적으로 국력이 약한 한국이 외교 동선을 비교하는 데서 오는 착시 현상일 수도 있다는 점을 지적하지 않을 수 없다.

우리 또한 필요한 이슈와 지역을 상대로 보다 적극적인 동선을 그릴 필요가 있다. 또한 대통령과 고위급에 집중된 외교 동선을 그 아래인 실무급으로 확대할 필요가 있다. 고위급의 동선에 신경을 쓰다 보면 외교부 북미 국장이 미국 출장을 제때 못 가는 현상도 발생한다. 이래서는 제대로 된 외교가 이루어질 수 없다. 미국, 중국과 같은 국가에서는 한반도 정책이 우리의 국장급에서 다루어진다. 따라서 실무급에서도 보다 적극적인 외교를 할 수 있는 조직 문화가 갖추어져야 보다 기동력 있는 외교가 이루어질 수 있다.

글로벌 이슈에 대한 전문성 부족도 우리의 외교 전략 이행에 커다란 문제가 아닐 수 없다. 지역 근무와 달리 글로벌 이슈, 즉 환경이나 기후 변화, 개발, 인권, 군축, 북극, 사이버, 우주 등과 같은 기능별 이슈들은 핵심 논의가 전문가의 영역에서 다루어진다. 그러나 우리 외교부의 순환 보직 제도로 인해 한 외교관이 특정 기능별 이슈를 다루는 것은 기껏해야 몇 년 정도다. 이러한 상황에서는 전문가를 양성할 수 없다. 우리가 필요한 기능별 영역을 식별하고 그 분야의 전문가로 키워야 할 외교관은 그 분야에서 계속 일을 할 수 있도록 해야 한다. 그래야 관련 분야에서 인정받고, 관련 국제기구의 논의를 주도하며, 나아가 그 기구의 수장이 될 수도 있다. 관련 분야의 외교에 한국이 보다 신속한 기동력을 발휘할 수 있음은 물론이다.

보다 기동력 있는 외교를 전개하기 위해서는 동료 그룹이 필요하다. 국제사회에서 우리의 입장을 지지해줄 다층적 네트워크 구축의 중요성이 바로 그것이다. 2013년 한국은 멕시코, 인도네시아, 터키, 호주 등과 중견국 협의체 믹타MIKTA를 구성한 바 있다. 세계 12~18위권의 경제력을 갖고 각 지역을 대표할 수 있는 중견국들의 모임으로 현재 국제기구를 중심으로 협력을 확대해가고 있다. 이러한 믹타와 같은 협력 네트워크를 여러 개 만들고 그 속에서 국익을 실현해나가는 노력이 필요하다. 이 과정에서 주의할 점은 실질적 성과 도출에도 상당한 기간이 소요된다는 점이다. 그러나 우리는 무언가를 만들면 바로 효과를 보아야 한다는 강박관념을 갖고 있다. 이러한 자세로는 협력 네트워크를 만들 수 없고 만들었다 해도 장기간 유지할 수 없다. 신속한 기동외교를 전개하기 위한 장기간의 협력과 투자의 필요성을 간과해서는 안 된다.

지정학 위기, 지경학으로 극복

한국 정부는 다음의 네 가지 기본 방향 아래 한반도 안보 이슈에 대한 지경학적 접근을 시도해야 한다.

첫째, 창의적인 소다자주의Minilateralism 활용이다. 아시아태평양 지역 차원의 다자 협력도 중요하지만 한반도가 위치한 동북아시아 차원의 다자 협력도 함께 제도화해야 한다. 동북아에서는 한미, 미·일 동맹 체제, 한·미·일, 한·중·일, 한·미·중 소다자주의, 한국과 주변국들이 안보 문제를 협력적으로 해결해나갈 수 있는 동북아 다자 안보 협력 체제가 병존할 필요가 있다. 한미 동맹으로 인해 중국과 러시아가 포함되는 안보 다자주의가 어렵기 때문에 한·일·러, 한·중·러 소다자주의 경제 협력의 적극적 활용이 필요하다.

둘째, 네트워킹 형성에 집중해야 한다. 부상하는 중국과 이를 견제하는 미국, 그리고 미국에 대항하는 중·러 협력 강화라는 도식적인 판단에서 벗어나, 안보·경제·에너지·물류 등 한반도의 지리적 이점을 활용한 중개자로서의 '위치 권력'을 확대하는 전략을 세워야 한다.

한반도는 아태 지역 국가들의 유라시아 대륙 연결의 관문Gateway의 위치에 있다. 중·일 간 헤게모니 갈등의 지정학적 중재자로서의 위치일 뿐만 아니라 섬나라인 일본보다는 훨씬 유리한 물류 네트워크의 시작점이다. 태평양과 국경을 접하고 있지 못한 중국보다는 북극 항로와 북극 개발에 있어서도 매우 유리한 위치를 갖고 있다. 북한으로 인해 이러한 위치 권력이 실현되지 못하고 있음을 감안해 매우 구체적인 위치 권력 확대 전략을 마련해야 한다. 에너지 네트워크 구축, 경제·무역 네트워크 강화, 철도·물류 네트워크 활성화는 네트워크 형성 과정에서 한국의 영향력을 확대할 공간을 제공할 수 있을 것이다.

셋째, 미국·일본의 대륙 통합 참여를 유도함과 동시에 러시아에도 주목해야 한다. 역대 정부 북방 정책의 실패 원인 중 하나는 미국과 일본의 적극적 지지와 협력을 확보하지 못한 것이다. 아시아인프라투자은행에 미국과 일본이 참여하지 않은 점도 한국에는 부담 요인이다. 러시아는 미국과 중국의 잠재적 긴장을 감소시킬 출구가 될 수 있다는 점에서 중요하다.

넷째, 북한 연관 다자 프로젝트는 북핵 문제에 의미 있는 진전이 있기 전까지는 중단 상태를 유지해야 한다. 북핵 문제 해결의 시급

성과 국제 공조의 필요성에 비추어 북한과의 대화는 북핵 문제에 한정해서 시작해야 할 것이다. 이 같은 기본 방향 아래 한국이 추진해 볼 수 있는 지경학 프로젝트들은 다음과 같다.

우선 대륙 연계망 구축이다. 저성장 기조가 지속되는 상황에서 대륙과의 물류·에너지망 연결은 물론 신시장 개발구소련 지역과의 교역 비중은 2%대에 불과은 한국 경제성장의 새로운 모멘텀을 제공할 것이다. 이란, 인도, 파키스탄, 동남아시아가 유라시아 대륙 통합 과정에 참여하고 있는 점과 중국의 '일대일로'와 러시아 주도의 EAEU가 접점을 모색하고 있다는 점을 감안해 러시아 극동, 모스크바, 중앙아시아, 이란, 남아시아, 동남아를 거점별로 연계하는 한국 성장 동력 네트워킹 전략이 필요하다. 러시아 극동의 항만 연계형 공단 개발로 물류기지를 만들고 중앙아시아는 물류기지와 플랜트 거점을 만들어 유럽과의 중간 연결망 거점을 조성할 필요가 있다.

한·일·러 소다자협력 포럼도 가능성이 있는 사업이다. 일본과 러시아 양국은 2016년 12월 25일 일·러 정상회담에서 3,000억 엔약 3조 원 규모의 68개 협약과 공동 투자기금 조성에 합의했다. 이 같은 일본의 대러 외교는 한국의 지경학 전략에 부담 요인으로 작용할 가능성이 있다. 그러나 일본의 대러 외교는 본질적으로 해결이 어려운 영토 문제 해결을 목표로 한다는 부담이 있고, 러시아 투자 리스크 또한 여전히 남아 있어 대러 경제 협력에 있어 한국과의 공조를 모색할 가능성이 있다. 일본과 공동 투자할 수 있는 것으로는 야말

LNG 프로젝트, 블라디보스토크 LNG 플랜트 공동 투자, 러시아 선도 개발 지대, 블라디보스토크 자유항 프로젝트 등이 꼽힌다. 한·일·러 3국 경제 협력은 러시아와의 관계 개선뿐만 아니라 과거사 문제로 갈등이 격화되고 있는 일본과의 관계 개선 기회를 제공할 수 있다.

한편 러시아가 추진하는 '러-일-한반도 철도 연결 프로젝트'는 현재의 남북 관계에서는 일본에 물류 주도권을 빼앗길 가능성이 있기 때문에 남북 관계 개선 때까지는 보류해야 한다. 철도 연결은 러시아와 사할린 섬 연결이 1단계, 사할린 섬과 홋카이도 섬 연결이 2단계, 한일 간 연결이 3단계인데 프로젝트 실현에 장시간이 소요되는 점을 감안해서 사업 시행에는 원칙적 찬성을 표시할 필요가 있으나 매우 신중하고 소극적으로 대응해야 한다.

북극 항만 인프라 개발과 북극 항로 프로젝트도 지경학의 좋은 방안이다. 많은 국가가 북극 항로와 북극 자원 개발 사업에 관심을 갖고 있다. 특히 중국은 미국과의 잠재적 갈등의 회피 수단으로 북극 항로에 큰 관심을 보인다. 중국의 대외 무역은 전적으로 해운 운송을 통해 이루어지고 있으며, 전통적 해운 수송로 중 대부분은 미국의 통제하에 있다. 이런 상황에서 한국이 아시아태평양 국가들과 공조해 북극 항로와 북극 개발 사업에 참여한다면 상당한 지경학적 이익을 취할 수 있다. 북극권 개발은 자원 개발, LNG 등 선박, 북극 항로 등이 동시적으로 연관되어 있다는 점에서 이를 적극적으로 활용할 필요성이 있다.

러시아 최대 석유 기업 로스네프티가 계획하고 있는 약 4,000억 달러약 459조 원의 자원 개발 투자 계획은 선박 건조플랫폼 55척, 탱커 58 척, 쇄빙선 46척 포함 총 465억 달러 및 항만 인프라 투자무르만스크 총 400억 달러, 야말반도 총 230억 달러, 극동 지역 800억 달러를 유발하게 될 것이다.

이 프로젝트로 인해 한국이 얻을 수 있는 효과는 여러 가지다. 우선 '북극 아태 지역 협의체' 형성을 한국이 주도한다면 역내 다자 외교를 주도할 기회를 가지게 될 것이다. 또 북극에 큰 관심을 갖고 있지만 태평양 출구항을 갖고 있지 못한 중국에 일정 수준의 외교적 레버리지를 확보하는 데 도움을 줄 것이다. 더불어 어려움을 겪고 있는 한국 조선 산업이 새로운 기회를 찾을 수 있다.

두만강 등 동북아 지역의 경제 발전을 위해 한국과 중국, 러시아, 몽골이 추진 중인 광역 두만강 개발 계획GTI도 기회가 될 수 있다. 새만금을 중국과 일본은 물론, 미국·러시아와 경제 협력을 이뤄내는 공간으로 만드는 것도 대안이다.

외교 인프라 혁신 통한 역량 강화

우리는 부족한 인력에도 불구하고 무언가를 열심히 해서 이루어 내는 드라마 같은 상황을 그리곤 한다. 그러나 이러한 기적과 같은 일들은 현실에서 자주 일어나지 않는다. 현실은 과로에 지쳐 전략은 생각할 여유도 없는 외교관과 현지 공관의 서비스에 불만을 갖는 교민과 여행자들을 양산할 뿐이다. 제도가 구조적으로 잘못됐다면 고쳐야 한다. 우리의 경제력을 고려할 때 외교 인프라 보강은 이제 더이상 미룰 수 없는 과제다.

먼저 외교 인력 3,000명 시대를 열어야 한다. 우리에게 필요한 외교 인력이 얼마인지는 사실 정확히 계산해낼 수 없다. 그것은 우리의 외교 정책 입안과 이행, 그리고 국민에 대한 외교 서비스의 질과 양에 달려 있는 문제이기 때문이다. 현실적 목표가 낮다면 외교 인력의 증원 필요성이 낮게 되는 반면 높은 목표를 지녔다면 3,000명도 적은 수가 될 것이다. 따라서 여기에서 제기하는 외교 인력 3,000명 시대는, 그간 집중해온 북핵 외교나 주변국 외교를 넘어 글로벌 중견국으로서 우리가 다양한 기능별 이슈에 적극 참여하고, 나아가 해외 여행객이나 교민들에 대한 보다 업그레이드된 영사 서비스를 제공하는 것을 전제로 제안하는 것이다.

동시에 공관 규모를 최소 5인 이상으로 구성해 제대로 된 기능을 하게 하며, 5인 수준의 인력을 투자할 필요가 없는 공관은 차라리 폐쇄하여 이웃 국가에서 통합 운영하는 것을 검토해야 한다. 인력 증원은 필연적으로 외교 예산과 조직의 증대를 낳지만, 이제 우리는 이러한 외교 인프라 문제들에 보다 많은 관심을 기울여야 할 때가 됐다.

유능한 외교관을 식별하고 무능한 외교관을 도태시키는 인력 구조의 개선 또한 반드시 병행돼야 한다. 현재 외교부는 다른 부처와 달리 소위 '원통형' 인력 구조다. 즉 사무관으로 임용된 외교관들이 거의 대부분 대사직까지 오르는 것이다. 대사직에 오르지 못하는 외교관들은 아주 예외적인 상황에 해당되며, 부적절한 행동으로 인한 징계 처분이 그 대부분의 이유다.

그 결과 역량이 부족한 외교관들도 특별한 징계 사유가 없다면 대사직에 오르는 경우가 존재한다. 이에 따라 대사의 역량 부족이 종종 지적되며, 심지어 사고를 야기하는 경우도 있다. 그러므로 인력의 증원과 함께 일부 역량이 부족한 인사들을 도태시키는 소위 '종형' 인력 구조를 함께 추진해 유능한 외교관만이 대사직에 오르는 시스템을 만들어야 한다. 동시에 직업 외교관이 아닌 특임 공관장들에 대해서는 대사직 보임 시 청문회를 거치게 해 역량 있는 인사들만이 대사로 보직하도록 하고, 정치권에서 자의적으로 대사직에 관여하지 못하도록 하는 제도적 기반을 만들어나가야 한다.

교육 훈련 프로그램 역시 제대로 구축해야 한다. 현재 외교관 임용은 5급 이하인 경우 관련 시험을 통과하면 국립외교원에서 단기간의 연수 후에 임용을 하고, 5급 이상인 경우 국립외교원에서 1년간 경쟁을 통해 10%가량을 탈락시킨 뒤 임용한다. 이러한 임용 과정의 교육은 큰 문제가 없어 보인다.

문제는 직급 상승에 따라 요구하는 역량을 배양하는 보수 교육과

훈련에 있다. 실제로 공관에 나가면 1개월가량 교육을 받게 되며, 참사관이나 공사, 대사급 등에 대한 별도의 역량 평가가 존재한다. 그러나 이러한 보수 차원의 교육은 제대로 진행되지 못하고 있다. 참사관이나 공사 수준으로 직급이 상승하면 최소 6개월 정도 관련 교육을 제공하고, 이를 기반으로 제대로 역량을 평가해 부적격자는 공관으로 파견하지 않고 진급에도 제한을 두는 엄격한 교육 훈련 제도를 운용할 필요가 있다.

각 정부 부처의 국제적 역량 강화도 뒤따라야 한다. 기본적으로 국가고시 제도에 기반을 둔 정부의 핵심 인력 충원 방식은 국제 전문가 양성을 제한한다. 2년간의 해외연수로 국제적 감각을 익히도록 하는 제도가 존재하지만 이는 정말로 국제적 감각을 익힐 뿐 전문성과는 무관한 일이다. 따라서 각 부처의 국제 문제 전담 인력은 전문성을 보강해나가야 할 것이다. 그리고 순환 보직을 자제하고 관련 국제 업무에 지속적으로 종사할 수 있는 인사적 보장을 해주어야 한다. 민간 영역도 마찬가지다. 민간 전문가들의 국제 경쟁력은 곧 우리 외교의 국제 경쟁력이다. 따라서 국내 비정부기구들에 대한 교육 훈련 시스템을 하나씩 만들어가며 이들의 전문성도 간접적으로 지원해줄 필요가 있다.

03

통일 향한
국론 결집

전략 출발점은 국론 통합

북한 문제를 해결하기 위해서는 먼저 그 해법에 대한 국론을 결집할 필요가 있다. 5년마다 바뀌는 대북 정책은 성공을 기대하기 어렵다. 국론 결집을 통해 제대로 된 북핵 문제 해법을 만들고, 이를 바탕으로 주변국을 설득해가야 한다.

김대중 대통령의 햇볕 정책 추진 과정에서 남북 정상회담을 개최하기 위해 북한에 수억 달러의 현금 지원이 이루어지지 않았다면, 노무현 대통령이 퇴임을 반년도 남기지 않은 상황에서 남북 정상회담을 추진하지 않았다면, 이명박 대통령이 햇볕 정책의 기조를 일부 받아들여 김정일 사망 이전에 남북 간에 비핵화 로드맵에 합의할 수 있었다면, 박근혜 대통령이 선거 기간 중 약속한 한반도 신뢰 프로세스를 잘 진행했더라면, 오늘날 우리 한반도의 모습은 지금과는 달라졌을 수 있다. 그러나 우리가 목격한 역사의 현실은 이러한 중요한 전략 수립과 정책 추진 과정에서 국론을 통합하는 노력이 부족했다는 불편한 진실뿐이다. 그 결과 오히려 대북 퍼주기 논쟁, 대북 강경 정책 논쟁 등 대북 정책을 둘러싼 여야 간의 대립만 커져왔다.

우리 외교의 정책 결정 메커니즘을 보면, 여야 간 협치 구도는 존재하지 않는다. 가끔씩 대통령이 야당 대표를 청와대로 초청해 해외 순방 결과를 설명하는 과정은 존재했지만 북한 핵 문제, 한미 동맹, 한중 관계, 동북아 다자 협력 등 우리의 생존과 직결된 주요 외교 정책 이슈에 대해 머리를 맞대고 토론하는 제도와 문화가 존재하지 않는다. 따라서 주요 외교안보 이슈에 여야 간 의견을 모으는 제도적 보완책이 필요하다.

외교 정책에 대해 국론 통합을 이끌어내기 위해서는 먼저 야당의 의견을 수렴할 자문기구를 제도적으로 구축할 필요가 있다. 주기적으로 대통령이 야당 대표들과 함께 모여 주요 정세 동향과 외교 정책을 설명하고 의견을 받는 제도를 구축하는 것이다. 국가안전보장회의 내부에 여야 간 협의기구를 두거나 별도의 자문기구를 두는 법률을 제정해 주요 외교 정책 결정 과정에서 여야 간 국론 통합의 기회를 제도화할 필요가 있다. 안보 정책을 둘러싼 국론 분열을 막기 위해 여야가 안보 사안을 함께 협의해가는 안보협의기구를 국회 산하에 만드는 방안도 고려해볼 수 있다. 여야가 추천한 각계 전문가들을 포진시켜 쟁점 사안을 논의하고, 결과를 투명하게 공개해 외교 정책에 관한 신뢰를 높이자는 취지다.

국회 내에 안보협의기구를 설치할 경우 외교안보 분야의 전문성과 보안성 때문에 초반부터 대규모 조직을 꾸리는 것은 한계가 있다. 다만 초당적 기구의 대표성 확보를 위해 원내정당 모두 참여하고 위원 추천권만 의석수에 비례해 차등을 둬야 한다. 모든 정당이 참여해야 향후 정책 추진 시 무조건적 반대나 비판을 위한 비판을 막는 효과가 있다. 위원은 민간 중심으로 꾸리되 임기와 독립성을 보장하는 장치를 마련해줘야 외풍 없이 장기 전략을 세울 수 있다.

미국 의회에 설립된 '미·중 경제안보검토위원회'가 참고할만한 사례다. 이곳은 상·하원에서 초당적으로 임명된 12명의 위원과 15명 안팎의 전문가로 구성돼 있고 이들이 내는 보고서는 미·중 관계 분야에서 가장 신뢰도 높은 보고서로 정평이 나 있다.

다른 대안으로 대통령 직속기구인 통일준비위원회를 개편하는 방식도 고려할 수 있다. 통일준비위원회가 초당적 통일 정책을 마련하자는 좋은 취지로 설립됐기 때문에 외교안보 분야로 역할을 확대하는 것이다. 통일준비위원회 개편은 민주평화통일자문회의와 역할 중첩 논란도 해소할 수 있고 이전 정부의 정책 중 바람직한 것은 계승, 발전시킨다는 차원에서 의미 있다. 다만 운용이나 위원 선출 방식은 전면적으로 바꿔 진정한 초당적 자문기구로 만들어야 한다. 그리고 대통령은 초당기구에서 제안한 정책을 적극 수용하는 모습을 보여야 한다.

주요 문제에 대한 외교안보 전략을 수립하고 이를 국회에 보고하도록 하는 법률을 제정하는 방법도 고려할 수 있다. 국방 분야의 국방개혁법은 주요 국방 개혁의 내용을 국회에 보고함으로써 개혁의 방향에 여야의 의견이 고루 반영되는 구조를 만들었다. 물론 그 운용상에서 얼마나 실질적으로 여야 간 의견이 반영되는지에 대해서는 이론이 있으나, 유사한 방식을 외교 분야에 도입하는 것은 고려할 만한 가치가 있다. 국회에서 법률을 제정하여 북한 핵 문제 해결을 위한 외교 전략을 정기적으로 수립하고, 이를 국회에 보고하도록 하는 '외교안보 전략법가칭'을 제정하는 것을 검토할 필요가 있다.

국론 통합을 위한 또 다른 노력은 국민과의 소통을 강화하는 것이다. 여야 간 소통 강화를 위한 제도적 정비 외에도 외교 정책 추진 과정에서 국민들에게 더 많은 정보를 전달할 필요가 있다. 또한 언론과의 긴밀한 소통을 통해, 외교 사안의 배경과 현황을 잘 전달함으로써 국민의 이해를 돕는 노력이 이루어져야 한다. 중요한 것은 단순히 일방향의 정보 전달에 그치는 것이 아니라, 다양한 의견을 함께 다루고 합리적 대안에 대한 고민을 계속 제기해야 한다는 것이다. 결국 주권자인 국민이 외교 사안을 두고 분열된다면 국민의 지지를 먹고 사는 정치권 또한 분열될 수밖에 없기 때문이다.

마지막으로 정부가 야당의 의견과 국민 여론을 반영하여 정책을 조정하는 모습을 보여야 한다. 자문이나 의견 수렴을 한다고 해놓고 결과적으로 바뀌는 것이 전혀 없다면 이것은 제대로 된 국론 통합의 방식이 아니다. 반대 의견에 대한 진지한 경청과 수용 가능한 영역에서의 방향성 조정이 이루어질 때 비로소 국론 통합의 단계가 시작되는 것이다.

대북 정책 수단 다양화와 상호주의 원칙

대북 및 통일 정책이 보다 강력하게 추진되기 위해서 초당적 합의의 뒷받침도 필요하지만 그와 더불어 대북 정책 수단 자체의 다양화도 함께 모색되어야 할 것이다. 사실 강압적이건 유화적이건 우리가 북한에 대해 자율성을 갖고 독자적으로 사용할 수 있는 정책적 수단은 매우 제한적이라는 점은 무척 안타까운 일이다. 물론 북한 위협에 대한 군사적 대응은 한미 동맹 차원의 연합적 대응 체계가 제도화되어 있고, 북한이란 체제가 워낙 견고한 독재 체제라 레버리지로 쓸만한 수단이 많지 않다는 점은 인정된다.

그런데 정책 수단 개발에 있어서도 균형 있는 접근이 필요하다. 강압이나 유화 어느 한쪽의 수단만이 아니라 북한의 변화를 유도할 수 있는 유화적 수단과 북한을 아프게 할 수 있는 강압적 수단 양쪽 측면 모두에서 유용한 정책 수단을 보다 다양하게 개발할 필요가 있다. 유화적 수단인 교류 협력 분야에서는 이미 많은 유인책들이 존재한다. 하지만 그런 유인책들이 단순히 표면적인 변화가 아니라 근본적으로 북한 주민들의 생각과 생활을 변화시키는 데 도움을 줄 수 있는 전략적 수단들인가에 대해서는 좀 더 검토가 필요하다. 또한 그런 유인책들을 통합적으로 조율하고 상황에 따라 융통성 있게 적절히 구사하는 방법에 대해서도 더 많은 연구가 필요하다. 반대로 강압적 수단 측면에서는 상대적으로 우리가 현재 가진 수단이 매우 빈약한 것이 현실이다. 굳이 무력을 직접 동원하거나 사용하는 수단이 아니더라도 북한에 압박을 가할 수 있는 비살상적인 군사적 수단과 더불어 다양한 경제적·외교적 제재 수단을 개발하는 일에 훨씬 더 많은 노력이 경주되어야 할 것이다.

북한의 변화를 유도하고 평화적인 통일을 달성하기 위해서는 북한 내부에서 자체적으로 변화의 필요성을 깨닫고 자발적으로 개혁과 개방을 추구하도록 유도하고 지원하는 것이 가장 바람직하고 효과적인 방법이다. 그러기 위해서는 국제사회와 더불어 우리 사회의 다양한 지원과 협력이 매우 중요한 역할을 할 것이고 그래서 남북 교류 협력과 대북 지원 사업들이 의미가 있는 것이다.

그런데 문제는 지금 남북 간에 신뢰가 너무나 부족하다는 점이다. 더구나 과거 햇볕 정책과 평화 번영 정책에 입각한 상당한 물량 지원과 교류 협력에도 불구하고 북한이 뒤로는 계속해서 핵과 미사일을 개발해왔다는 인식이 팽배한 현 상황에서 과거와 같은 방식의 지원이나 협력은 불가능하다. 더욱 철저한 상호주의 원칙에 입각한 지원과 협력이 필요하다는 의미다.

상황이 좀 더 호전되어 더욱 대대적으로 남북 간 접촉을 넓히고 다양화하게 될 경우에도 원칙을 벗어나지 않도록 각별히 유의해야 한다. 민족주의적 시각에 편향돼 북한의 병진 정책을 돕게 되는 결과를 초래하지 않도록 해야 한다. 철저하게 상호주의와 행동 대 행동 원칙을 고수하고, 일단 합의나 시행된 조치를 다시 무효화할 수 없도록 제도적으로 불가역 장치를 반드시 합의에 포함하도록 해야 할 것이다.

북한 실상 공개해 대북 인식 격차 해소

대북 및 통일 정책 추진에 있어 국민적 합의나 정책적 일관성을 유지하기 위해서 가장 먼저 요구되는 점이 바로 대북 인식 차이를 줄이는 일이다. 이를 위해서 우선적으로 북한의 실상에 대해 보다 정확하고 상세한 정보의 공개가 필요하다. 북한의 실상에 대해 더 많은 국민이 직접 보고 이해하게 된다면 북한에 대한 환상이나 통일에 대한 감상적 접근에서 탈피해 보다 실질적이고 합리적인 생각을 갖게 될 것이기 때문이다.

물론 과거에 비해 북한의 내부 사정에 대한 많은 정보가 언론 매체와 인터넷을 통해 유포되고 있다. 하지만 여전히 공개되는 정보의 양이나 수준, 그리고 신뢰성에 있어서는 부족한 점이 많다. 따라서 북한의 정치, 경제, 사회, 문화 현황에 대한 정확하고 신빙성 있는 정보를 더 많이 공개하는 것을 정부가 나서서 적극 지원하는 한편, 정부 차원에서도 보안에 위배되지 않는 범위 내에서 더 많은 정보를 대내외적으로 널리 공개하고 전파하는 노력을 기울여야 할 것이다.

다만 이런 북한 실상에 대한 대내외 공개를 확대할 때 유의해야 할 점이 있다. 배경이나 맥락에 대한 설명 없이 단편적인 정보만을 공개했을 때 발생할 수 있는 역효과다. 비록 혈연적 측면에서 같은 민족이지만 사실 70여 년간 분단하에서 서로 다른 이념과 체제 속에 살아온 남과 북은 가치관이나 생활 방식에서 많은 차이가 있을 수밖에 없다. 따라서 부연 설명이나 해석 없이 단순한 정보 제공만으로는 정확한 이해에 한계가 있고 오해를 불러올 수도 있다.

그렇다고 북한의 실상을 왜곡하거나 정부 정책을 미화하라는 뜻은 결코 아니다. 사실 위험성은 오히려 지나치게 진솔한 북한 실상의 공개로 인해 통일에 대한 기대가 약화되는 것이다. 공개된 정보를 통해 북한 정권의 폭정을 보고 도저히 공존할 수 없다는 생각을 하게 된다든지, 북한 주민의 참상을 보고 엄청난 통일 비용에 대한 두려움을 갖게 된다면 정보 공개의 의도와는 정반대의 결과가 발생할 수 있다. 따라서 공개 내용의 선택에 신중을 기해야 할 것임은 물론, 오해나 반발심을 유발하지 않도록 정확한 해석을 부연해서 제공하는 수고를 아끼지 말아야 할 것이다.

나오며

국가 안보는 오케스트라와 같다. 오케스트라가 좋은 연주를 하기 위해서는 먼저 개별 악기들의 성능이 좋고 최고의 소리를 내야 한다. 다음으로 능력 있는 지휘자가 지휘하고 개별 악기들은 지휘에 맞춰 조화를 이뤄야 한다. 국가 안보도 마찬가지다. 안전한 국가를 만들기 위해서는 각 분야가 탄탄하게 굴러가야 한다. 한 분야라도 약하면 국가 안보는 삐걱거린다. 또 안보를 구성하는 각 분야가 탄탄하다고 해도 리더가 잘못 판단하거나 리더를 중심으로 똘똘 뭉치지 않을 때는 국가 안보에 구멍이 생긴다.

한국 안보의 현주소를 들여다보는 것은 우리 국가의 민낯을 보는 것 같았다. 들여다본 결과 한국의 안보는 각 분야가 탄탄하지도 않았고 분야별로 조화를 이루지도 못했다. 국민들이 안전을 위협받고 있다고 느끼는 것은 어쩌면 당연했다.

국방 분야에서 우리나라는 재래식 무기는 많았지만 북한의 핵과 화학무기에 대응할 수 있는 방어무기는 정비돼 있지 않았다. 북한의 핵과 화학무기에 대한 탐지 능력은 바닥권이었고 이를 개선하기 위한 계획도 구체적이지 않았다. 먼저 공격을 받았을 때 대응 공격을 통해 2, 3차 공격을 무력화할 수 있는 효과적인 공격 능력도 발견할 수 없었다. 국방 분야를 책임지고 있는 사람들의 인식에도 문제가 있었다. 북핵 문제를 이야기하면 '미국 핵우산 아래에 있어 문제가 없다'는 답이 돌아왔고 대북 공격 능력을 문제 삼으면 '한반도 평화 정착에 도움이 되지 않는다'는 얘기가 들렸다. '한국의 한국에 의한 한국을 위한 안보'보다는 주변국과 환경을 핑계로 뒤에 숨어 있는 것 같은 느낌이 드는 것이 〈매일경제〉 취재진과 연구진의 공통된 인식이었다.

리더의 능력과 결집력 부분에서의 안보 능력은 더 떨어졌다. 총체적인 군사력을 높이기 위한 국방 개혁보다는 육해공군이 제각각 세력을 넓히려는 이해관계가 우선시되는 풍토는 여전했다. 한국 안전을 위한 외교 전략 수립 과정에서 친중과 친미의 문제는 실용적이라기보다는 바꿀 수 없는 이념에 가까웠다. 안보 문제를 놓고 이념 대결을 벌이는 모습은 마치 광복 후 신탁 통치 찬성과 반대 간의 국론 분열을 연상시킬 정도로 치열했다. 하드웨어와 소프트웨어 부분에서 총체적인 개혁을 통해 안보 능력을 업그레이드하는 것이 무엇보다 시급한 과제였다. 이런 관점에서 책이 제시한 것이 국방, 외교,

통일, 국론 통합 등 4대 분야에서의 액션 어젠다이다.

북한의 핵과 미사일 위협에 대한 방어와 후속 공격 능력을 강화해야 한다는 것이 우선 제기됐다. 전술핵 배치를 비롯해 모든 대책에 대해 원점에서 재검토하는 것이 필요하다는 주장이 우세했다. 국가 안보에는 성역이 있을 수 없다. 4차 산업혁명의 혁신 기술을 이용한 군사력 확장과 한국판 스턱스넷 구축을 통한 사이버 전력 강화도 대안으로 내놨다. 또 한반도 상공에 5중 방어망을 구축해 안전을 강화하는 방안도 제시됐다.

국방력을 향상시키고 핵 위험에 대한 새로운 전략을 수립해야 한다는 전통적인 대안도 내놨지만 그동안 한 번도 해보지 않았던 발상의 전환을 모색하는 혁신적인 방안도 제기됐다.

육군에 편중된 군 체제를 개편하고 군대 조직 내의 폐쇄성을 극복해 보다 개방적이고 진취적인 군대로 만들어야 한다는 주장을 제기했다. 안보 위기를 막기 위해 국가 예산이 집중적으로 투입돼야 할 경우에는 '안보 추경'을 편성할 수 있도록 법과 제도적 정비가 필요하다는 주장도 내놨다. 특히 선거 때만 되면 안보 문제를 무기로 국론을 분열시키는 정치권을 겨냥한 대책도 액션 어젠다로 제기했다.

국가 안보 위기를 풀기 위해서는 여야, 보수, 진보가 진영 논리를 극복해야 한다. 이를 위해서는 여야 정당들이 안보 관련 공통 정책을 만들어 어느 당이 집권하든 반드시 추진해야 할 정책을 국민 앞에 천명하는 것이 필요하다. 작은 차이를 침소봉대해 국민을 분열시